¡Viva el Español!

YA CONVERSO MÁS

Ava Belisle-Chatterjee, M.A.
Chicago School District 6
Chicago, Illinois

Marcia Fernández
Chicago School District 6
Chicago, Illinois

Abraham Martínez-Cruz, M.A.
Chicago School District 6
Chicago, Illinois

Linda West Tibensky, M.A.
Oak Park School District 200
Oak Park, Illinois

 National Textbook Company
NTC a division of *NTC Publishing Group* • Lincolnwood, Illinois USA

Acknowledgments

The publisher would like to thank the following photographers, organizations, and individuals for permission to reprint their photographs.

The following abbreviations are used to indicate the locations of photographs on pages where more than one photograph appears: T (top), B (bottom), L (left), R (right), M (middle).

Cover photos:
Manuel Figueroa (MR), Robert Fried (ML, BL), Kenji Kerins (guitar), Mexican Fine Arts Center Museum (T), National Tourist Office of Spain (M)

Aerolíneas Argentinas, courtesy of Maritz Travel Company: 323; **American Egg Board:** 147, 149R; **American Optometric Association:** 349BM; **American School Food Service Association:** 173R, 214BL, 335TR, 349ML; **Peter Burwash International, Bruce Haase, photographer:** 338TL, 351B; **California Strawberry Advisory Board:** 123TR; **Children's Memorial Hospital Medical Center:** 267BR, 274R; **Clark County School Nurses, Las Vegas, Nevada, in collaboration with the National Association of School Nurses, Inc. Photo by Armstrong:** 214TL; **Stuart Cohen:** 3, 19L, 22TL, 22BL, 45TR, 46–47, 47TR, 47B, 54, 67ML, 67BR, 92, 96L, 142BL, 142–43, 161, 173L, 215TM, 215BR, 223R, 247BR, 254, 314TM, 314TR, 314BL, 332BR, 338TR, 338BR, 342TR, 349T; **Consulate of Costa Rica:** 226–27, 267TR; **County of Los Angeles Department of Health Services:** 288; **Gene Dekovic:** 211L, 312MM, 324L; **D. Donne Bryant:** 1, 11R, 213L, 247TR, 255R, 291T, 324R, 334TL, 334–35, 347, 349BL; **Manuel Figueroa:** 255L, 266BL; **Robert Fried:** 11L, 19R, 43BR, 45BL, 141TR, 213R, 241L, 241M, 246TL, 277, 290–91, 291BL, 291BR, 299R, 314TL, 314–15, 315TR, 332TR, 332BM, 333T, 333B, 341L, 342BL, 342BR, D. Donne Bryant Stock Photography Agency: 212T; **Marcia Gotler:** 121; **Erika Hugo:** 64, 68BL, 69TR, 100TL, 100BL, 100BR, 101R, 105, 108L, 108R, 119, 164L, 189TR, 195, 230; **Inter-American Magnet School, photos by Erika Hugo:** 238T, 238B, 239T, 239B; **International Apple Institute:** 167BR; **International Banana Association, Inc.:** 141TL, 141BR; **Fran Johnson** courtesy of National Association of Educational Office Personnel: 215TR, 223L, 349M; **Kohler Co.:** 24TR, 30; **Coley Mills:** 94TL, 94BR; **National Broiler Council:** 167TR; **National Federation of Wheelchair Tennis:** 246–47; **National Live Stock and Meat Board:** 166TL; **National Tourist Office of Spain:** 166BL, 290BL, 312TL, 312ML, 312TR, 351T; **National Turkey Federation:** 166–67, 343ML; **Carol L. Newsom (copyright):** 265L, 265M, 265R; **Antonio Obaid:** 267MR, 290TL; **Robert Paral:** 164R, 187, 338BL, 341R; **Chip and Rosa María de la Cueva Peterson:** 7, 8, 14, 16, 18, 67TR, 75, 100–101, 130, 143BR, 188L, 188–89, 189BR, 212B, 246BL, 274L, 289T, 289B, 298, 304, 312B, 313T, 313B, 332BL; **Puerto Rico Tourism Company:** 22–23, 23BR; **Chris B. Rollins:** 140L, 140M, 140R; **James Schmelzer:** 266TL, 349ML; **Marcia Seidletz:** 210; **Sunkist Growers, Inc.:** 129, 143TR, 241R; **Tourism Division, Texas Department of Commerce:** 122TL, 214–15; **Texas Department of Transportation:** 299L, 315BR; **Unicef:** 338ML; **U.S. Department of Agriculture:** 142TL, 149L; **Dr. Miguel Vasquez:** 122–23, 123BR, 211R, 312MR, 332TM, 338MR; **James Vesely:** 312TM; **Marina Vine:** 96R, 132, 327; **WCI Appliance Group:** 68TL, 68–69; **World Vision:** 5, 157; **Youth for Understanding International Exchange:** 43BL, 46BL, 122BL, 332TL, 334BL, 335BR.

Project Director: Michael Ross
Project Editor: Marcia Seidletz
Design: David Corona Design
Design Assistant: Kim Meriwether
Content Editor: Minerva Figueroa
Production Editor: Mary Greeley
Artists: Don Wilson, Fred Womack
Contributing Artists: Lisa Ansted, Tim Basaldua, James Buckley
Contributing Writers: Sandra Blake, Colleen Finnerty, Jill Ginsburg, Marcia Gotler, Catherine Shapiro, Marina Vine
Production Services: Carlisle Communications Ltd.

1994 Printing

Contents

Unidad 2 ▓▓▓▓▓▓▓▓▓▓▓▓▓▓ 46

Unidad 3 ▓▓▓▓▓▓▓▓▓▓▓▓▓▓ 68

Unidad 4   100

Unidad 5   122

Unidad 8 ███████████████ 188

Unidad 9 ███████████████ 214

Unidad 14 ████████████████████ **334**

(General review of Unidad 1 through Unidad 3)

Appendixes ████████████████ **354**

A. Una conversación entre amigos _____

JAVIER: ¿Qué tal, Flora?

FLORA: ¡Hola, Javier! ¡Muy bien, gracias!

JAVIER: ¿Vas a la escuela?

FLORA: Sí. Voy a la clase de ciencias. El libro de ciencias es muy interesante.

JAVIER: Pero tus libros son grandes y negros. ¿No es rojo y pequeño el libro de ciencias?

FLORA: ¡Ay, caramba! ¡Estos son los libros de mi hermano!

JAVIER: Tu hermano estudia en la biblioteca. Hay un examen hoy en la clase de historia. Es su clase favorita.

FLORA: Voy a la biblioteca. ¿Y tú, adónde vas?

JAVIER: Voy al salón de clase de mi hermana.

FLORA: ¿Qué hay en la clase de tu hermana?

JAVIER: Mi lápiz, mi bolígrafo, mis libros, mi cuaderno . . .

Preguntas

1. ¿De quién son los libros?
2. ¿Cómo son los libros?
3. ¿De qué color es el libro de ciencias?
4. ¿Dónde estudia el hermano de Flora?
5. ¿Qué hay en la clase de la hermana de Javier?

B. ¿Y tú?

Sr. Estrada, the school counselor, has not seen you since last spring. Try to answer his questions as completely as possible.

Primero, lee las preguntas. Luego, contesta las preguntas en tus palabras.

1. ¿Cuál es tu clase favorita?
2. ¿Pintas mucho en la clase de arte?
3. ¿Estudias mucho los sábados?
4. ¿Es difícil estudiar en la biblioteca?
5. ¿Vas a usar la computadora en la clase de ciencias?
6. ¿Son divertidas tus clases?
7. ¿Caminas a la escuela?
8. ¿Es interesante la clase de música?
9. ¿Qué vas a estudiar este año?
10. ¿Es simpático el profesor de matemáticas?

Los libros en la foto son de un alumno del Ecuador. ¿Hay un libro de ciencias? ¿Hay un libro de geografía?

C. ¿Qué haces en las clases?

Imagine that your school schedule includes seven different classes each day. And in each class you do something different.

Primero, lee la pregunta. Luego, mira el dibujo y contesta la pregunta. Sigue el modelo.

Modelo: ¿En qué clase estudias los animales?

Respuesta: **Estudio los animales en la clase de ciencias.**

1. ¿En qué clase usas un globo?

2. ¿Qué haces en la clase de educación física?

3. ¿Qué haces en la clase de música?

4. ¿En qué clase pintas?

5. ¿En qué clase nadas?

6. ¿En qué clase escribes los números?

CH. Una foto de Bolivia

Let's peek inside this classroom in Bolivia.

Primero, mira la foto. Luego, contesta las preguntas.

1. Es la clase de historia. ¿Estudias tú la historia?
2. ¿Es grande el salón de clase?
3. ¿Cuántas alumnas hay en el salón de clase?
4. ¿Hay una computadora en la clase?
5. ¿De qué color son las paredes?
6. ¿Hay una profesora en el salón de clase?
7. ¿De qué color son los pupitres de los alumnos?
8. ¿Hay una ventana en el salón de clase?

D. ¡Qué confusión!

You have just bumped into your old friend Adolfo in the hallway. Your school supplies have landed in a jumble on the floor. Now that you've picked yourselves up, you have to pick up your supplies and sort them out. Luckily, you both have lists of your school supplies.

Primero, lee la pregunta. Luego, lee las listas. Por último, contesta la pregunta. Sigue los modelos.

Adolfo	Tú
un libro de geografía	un libro de ciencias
un lápiz azul	dos cuadernos
una regla	cuatro lápices rojos
tres bolígrafos	un libro de historia

Modelo: ADOLFO: ¿Es mi regla?
Respuesta: TÚ: **Sí, es tu regla.**

Modelo: ADOLFO: ¿Son mis cuadernos?
Respuesta: TÚ: **No. Son mis cuadernos.**

1. ADOLFO: ¿Es mi libro de geografía?
2. ADOLFO: ¿Son mis lápices rojos?
3. ADOLFO: ¿Es mi libro de historia?
4. ADOLFO: ¿Son mis bolígrafos?
5. ADOLFO: ¿Es mi libro de ciencias?
6. ADOLFO: ¿Es mi lápiz azul?

E. Una nota secreta

A new student has just passed you a note in class. He wants to become acquainted with the school and classmates.

Primero, lee la nota. Luego, contesta las preguntas.

¡Hola!

Me llamo Juan Belén. ¿Cómo te llamas tú?

La clase de matemáticas es muy difícil. ¿Cómo es el libro de matemáticas? ¿Es aburrido? ¿Cuál es tu clase favorita?

¿Qué vas a hacer el fin de semana? Yo voy a caminar a las tiendas con mi hermana Elisa. También, voy a pintar la casa con mi papá.

Ahora voy a la clase de arte. ¿Te gusta la clase de arte? A mí me gusta mucho. La profesora es muy simpática.

¡Nos vemos pronto!

Juan

Ángela estudia mucho por la tarde. ¿Te gusta estudiar mucho?

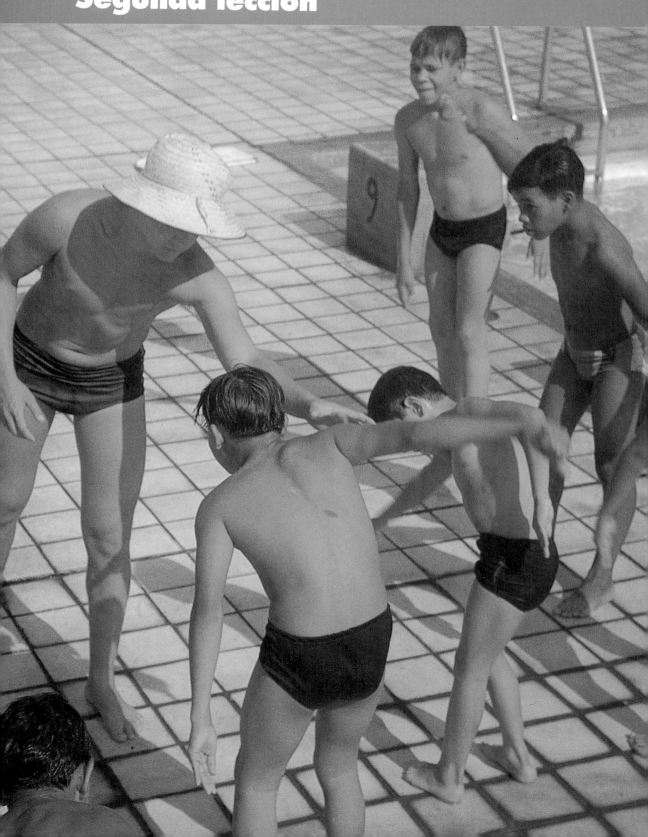

A. Una conversación entre amigos

ELVA: ¡Buenos días, María! ¿Qué haces?

MARÍA: ¡Hola, Elva! Camino al gimnasio con mi perro Óscar.

ELVA: ¿Te gusta caminar? A mí no me gusta.

MARÍA: Sí, me gusta mucho caminar. Siempre camino los lunes, los miércoles y los viernes.

ELVA: ¿Pero, no tienes frío? Es el otoño. Hace frío en el otoño.

MARÍA: A veces sí hace frío. Siempre llevo mi abrigo y mi sombrero. A Óscar le gusta el frío. Él lleva un suéter.

ELVA: ¡Qué bueno! Yo voy a caminar a la casa de mi tía.

MARÍA: ¿Vas tú al cine el martes?

ELVA: ¡Sí! ¡Hasta entonces!

MARÍA: ¡Hasta luego!

Preguntas

1. ¿Con quién camina María?
2. ¿A Elva le gusta caminar?
3. ¿Cuándo camina María?
4. ¿Qué lleva María? ¿Qué lleva Óscar?
5. ¿Adónde va Elva? ¿Adónde va María el martes?

B. ¿Y tú?

Take a survey of your classmates to find out what everyone likes and dislikes. Choose three questions and ask them of at least five people. Make a record of your results.

Escoge tres preguntas. Haz las preguntas a cinco compañeros y escribe las respuestas. Sigue el modelo.

Modelo: TÚ: ¿Te gusta ir al cine los domingos?

ANDRÉS: Sí, me gusta ir al cine los domingos.

Respuesta: 1. A Andrés le gusta ir al cine los domingos.

1. ¿Te gusta escribir los sábados?
2. ¿Te gustan las clases?
3. ¿Te gusta patinar en el invierno?
4. ¿Te gustan los perros?
5. ¿Te gustan los tigres?
6. ¿Te gusta ir al gimnasio con tu familia?
7. ¿Te gusta ir al cine los domingos?
8. ¿Te gustan los libros?

C. El club secreto

You and your friends have formed a special club with a secret code language. Your friends have written you some secret messages about what people are doing.

Primero, lee las palabras. Luego, escribe las palabras en una oración completa. Sigue el modelo.

Modelo: muchos libros. / leer / Elena

Respuesta: Elena lee muchos libros.

1. con Ana. / al cine / ir / Yo

2. en la escuela. / mucho / aprender / Tú

3. en el verano. / nadar / Bernardo

4. a sus amigos. / cartas / escribir / Usted

5. la puerta. / abrir / Tú

6. grande. / en una casa / vivir / Ella

7. el español. / aprender / Él

8. los sábados. / al gimnasio / ir / Matilde

CH. Los hermanos de Ema

Ema has just moved to your neighborhood. She has brought pictures of her brother and sister to show you.

Mira las fotos y contesta las preguntas.

1. ¿Al muchacho le gusta practicar los deportes?

2. La muchacha practica los deportes también, ¿verdad?

3. ¿Qué hace ella?

4. Él practica los deportes en el gimnasio, ¿verdad?

5. ¿Es el invierno?

6. ¿Lee ella en la escuela?

7. ¿Lees mucho tú?

8. ¿A ti te gusta practicar los deportes?

D. Las actividades

No one knows Carlos very well because he never completes a sentence. Find the second half of each sentence in the list on the right and match it with the first half. (Some sentences may have more than one ending. Choose an ending that makes sense.)

Primero, lee las frases. Luego, escoge una frase que va con cada oración. Por último, escribe la oración completa. Sigue el modelo.

Modelo: Siempre me gusta patinar ——.

Respuesta: **en el invierno.**

Siempre me gusta patinar en el invierno.

1. A mí me gusta caminar ——.
2. Yo pinto ——.
3. Yo nado ——.
4. El domingo voy a la ——.
5. Me gustan ——.
6. Me gusta ir ——.
7. Voy a la tienda ——.
8. No me gusta ——.

en el verano.

en la clase de arte.

a la escuela.

casa de mi abuela.

con mis papás.

con mi amiga Olga.

al cine.

en el invierno.

todas las clases.

contestar preguntas.

E. En el correo

A helium balloon is all tangled up in a big oak tree. Tied to the balloon is a letter from a girl in Florida.

Primero, lee la carta. Luego, contesta las preguntas.

---

10 de septiembre

¡Hola!

Me llamo Felicia Juárez y vivo en la Florida. Hace mucho calor en el otoño. A mí me gusta el calor.

A veces nado en la piscina los sábados. ¿A ti te gusta nadar? ¿Nadas con tus amigos?

A veces camino al gimnasio con mi hermana. A ella le gusta practicar los deportes. ¿Practicas tú los deportes? ¿Qué te gusta más, nadar o practicar los deportes?

¿Dónde vives tú? ¿Cuál es tu número de teléfono? Mi número es (305) 101-1234.

¡Hasta entonces!

Felicia

A. Una conversación entre amigos _____

ENRIQUE: ¡Alicia! ¡Muy buenos días! ¿Cómo estás?

ALICIA: Hola, Enrique. No estoy muy bien. Tengo sueño y me duele la cabeza.

ENRIQUE: ¿Qué tienes?

ALICIA: Tengo la gripe. Mi mamá tiene la gripe también.

ENRIQUE: Yo tengo sueño, pero no tengo la gripe. Tengo dos exámenes esta semana. Estudio mucho cada noche.

ALICIA: ¿Qué llevas en el brazo?

ENRIQUE: Es un reloj nuevo.

ALICIA: Me gusta mucho. ¿Qué hora es?

ENRIQUE: Es la una. Tengo un examen en una hora. Voy a la clase de computadoras.

ALICIA: Bueno, Enrique. ¡Hasta luego! Y, ¡buena suerte!

ENRIQUE: Gracias, Alicia. ¡Nos vemos pronto!

Preguntas

1. ¿Cómo está Alicia?
2. ¿Qué tiene ella?
3. ¿Qué tiene Enrique?

4. ¿Por qué estudia mucho?
5. ¿Qué hora es?
6. ¿Adónde va Enrique?

B. ¿Y tú? _____

Imagine that you are a reporter. Choose a partner and find out as much as possible about his or her family. Then report your findings.

Primero, escoge a un compañero. Luego, haz ocho preguntas. Por último, escribe las respuestas de tu compañero. Sigue el modelo.

Modelo:

TÚ: ¿Tienes una familia grande?

PEPE: Sí, tengo una familia grande.

TÚ: ¿Cuántos hermanos tienes?

PEPE: Tengo un hermano y dos hermanas.

TÚ: ¿Cuántos años tiene tu hermano?

PEPE: Mi hermano tiene once años.

TÚ: ¿Es alto tu hermano?

PEPE: No, no es alto. Mi hermano es bajo.

.

.

.

Pepe tiene una familia grande. Tiene un hermano y dos hermanas. Su hermano tiene once años y es bajo. . . .

Cristina tiene una familia muy grande. ¿Cómo es tu familia?

C. ¿Qué le duele?

There is a huge crowd in the school nurse's office. She can't hear your friends telling her what hurts. Look at them and tell her what is wrong with each one.

Mira los dibujos y contesta las preguntas. Sigue el modelo.

Juana

Carlota

Miguel

Minerva

Rosita

Leonardo

Marcos

Modelo: ¿Qué le duele a Marcos?
Respuesta: A Marcos le duelen las cejas.

1. ¿Qué le duele a Minerva?
2. ¿Qué le duele a Rosita?
3. ¿Qué le duele a Miguel?
4. ¿Qué le duele a Carlota?
5. ¿Qué le duele a Juana?
6. ¿Qué le duele a Leonardo?

CH. Una foto de México

Your friend Sara lives in Mexico. She has sent you this photo of her and her relatives.

Primero, mira la foto. Luego, contesta las preguntas.

1. Sara lleva el vestido rosado. ¿Tiene muchos colores el vestido?
2. ¿Es alta o baja la abuela de Sara?
3. ¿Es alto o bajo el abuelo de Sara?
4. La abuela de Sara es más alta que su abuelo, ¿verdad?
5. ¿Cómo es el suéter del papá de Sara? ¿Es grande, mediano o pequeño?
6. ¿Quién tiene el pelo castaño? ¿Quién tiene el pelo gris?
7. ¿Tiene hambre la familia?
8. ¿Es la mesa un círculo o un rectángulo?
9. ¿Tienes tú una familia grande?
10. ¿Cuántos hermanos tienes tú?

D. ¿Quién es más grande?

The neighborhood bully is bragging again. Just keep your cool and show him you are better.

Primero, lee la oración. Luego, contesta con una oración completa. Sigue el modelo.

Modelo: Mi papá es muy fuerte.

Respuesta: **Mi papá es más fuerte que tu papá.**

1. Mi hermana es muy inteligente.

2. Mi hermanito es muy simpático.

3. Mi perro es muy cómico.

4. Mi mamá es muy alta.

5. Mi hermanita es muy atlética.

6. Mi casa es muy grande.

Inés es de Venezuela. Ella tiene trece años. Ella es muy bonita, ¿verdad?

Donaldo es de España. Él tiene veinte y cuatro años. Es grande y atlético. ¿Es fuerte o es débil?

E. ¿Cómo son?

You are at a party with the Corona family. Suddenly, the lights go out! What does everyone look like?

Primero, mira el dibujo y haz una pregunta (**P**) a la persona. Luego, contesta la pregunta. Escribe la respuesta (**R**) de la persona. Sigue los modelos.

Modelo:

Tío Ernesto   **Rogelio**

Respuesta: P: ¿Es usted delgado?   P: ¿Eres tú alto?
R: Sí, soy delgado.   R: Sí, soy alto.

1.

Elvira

3.

Margarita

2.

Javier

4.

Señor Corona

F. En el correo _____

At last! Your Puerto Rican pen pal from New York has answered your letter. What news does she have to tell you?

Lee la carta y contesta las preguntas.

26 de septiembre

¡Hola, amiga!

    ¿Cómo estás? Yo estoy bien, pero a veces me duelen los tobillos y las piernas. Practico los deportes los sábados en un gimnasio. Todavía no soy muy fuerte.

    ¿Cómo eres tú? ¿Eres atlética? ¿Eres tú muy fuerte?

    Mi familia es muy simpática. Tengo tres hermanos y una hermana. Mis hermanos son atléticos y simpáticos. No son generosos. Mi hermana es tímida, pero es muy inteligente. Ella es más inteligente que yo. Pero yo soy más atlética que ella.

    ¿Cómo es tu familia? ¿Tienes hermanos? ¿Tienes hermanas? ¿Cómo son?

    ¡Ay! Son las tres y media. Voy a caminar a la tienda de ropa con mi hermana. A ella le gusta comprar ropa. ¿A ti te gusta comprar ropa también? A mí no.

    ¡Ven a New York, amiga! Mi casa es tu casa.

Un abrazo fuerte,

Blanca

Panorama de vocabulario

¿Qué hay fuera de la casa? _____

la chimenea

el techo

el jardín

el patio

el balcón

el garaje

las escaleras

el buzón

¿Qué hay dentro de la casa?

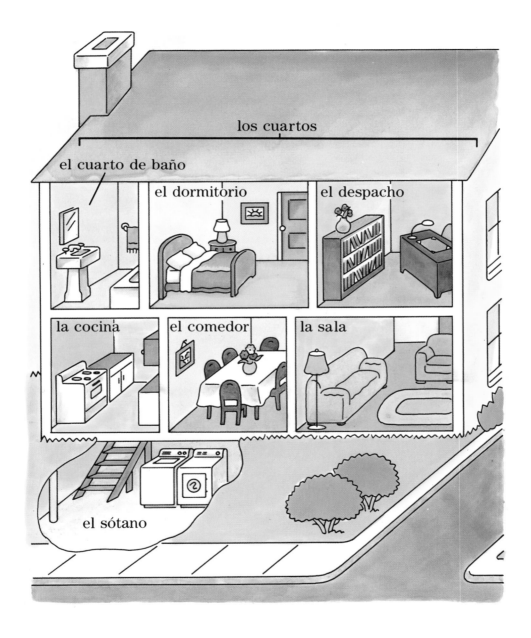

los cuartos

el cuarto de baño

el dormitorio

el despacho

la cocina

el comedor

la sala

el sótano

¡Aprende el vocabulario!

A. Pablo lives in an apartment building and Ana lives in a house. Pablo wants to know the differences between her house and his apartment. How does Ana describe her house?

Primero, mira el dibujo. Luego, lee la oración. Por último, completa la oración. Sigue el modelo.

Modelo:  Hay un —— verde.

Respuesta: **Hay un techo verde.**

1. Hay una ——.

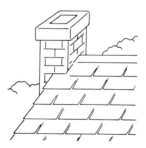

3. Hay un ——
pequeño.

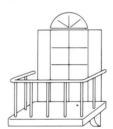

5. Hay un ——
grande.

2. No hay ——.

4. No hay ——.

6. Hay un ——.

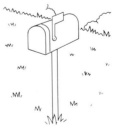

B. Now Ana wants to know about apartments. How does Pablo describe his family's apartment?

Primero, mira el dibujo. Luego, lee la oración. Por último, completa la oración. Sigue el modelo.

Modelo:    No hay —— en el apartamento.

Respuesta: No hay despacho en el apartamento.

1. Hay una ——
grande.

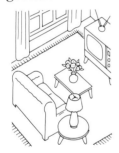

3. No hay ——.

5. Hay dos ——.

2. Hay una ——
pequeña.

4. Hay dos ——.

6. No hay ——.

C. Imagine that your best friend has moved to a new house. What do you ask about? How does your friend answer?

Primero, lee las palabras y haz una pregunta. Luego, contesta la pregunta con **sí** o **no.** Sigue el modelo.

Modelo: grande / dormitorio

Respuesta: a. ¿Es grande el dormitorio?

b. Sí, el dormitorio es grande.

1. grande / la cocina

2. pequeña / la sala

3.  bonito / el jardín

4. feo / el sótano

5. blanco / el techo

6.  azul / el cuarto de baño

7. rojo / el comedor

8.  grises / las escaleras

D. Enrique has drawn a plan of his "dream house." When he shows you his plan, you are very curious.

Primero, mira el dibujo. Luego, haz diez preguntas sobre la casa ideal de Enrique. Usa la lista de palabras para hacer las preguntas.

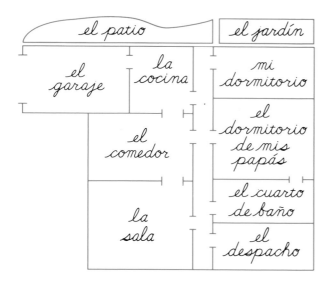

¿Cuántos . . . ?

¿De qué color . . . ?

¿Cómo es . . . ?

¿Es . . . ?

¿Son . . . ?

¿Hay . . . ?

E. Now it's your turn to plan your ideal house. When you have finished, exchange plans with a partner and ask questions about each other's house.

Primero, dibuja una casa. Luego, escoge a un compañero. Por último, haz y contesta cuatro preguntas sobre las casas.

Los sonidos del idioma

Las vocales: **a, e, i, o, u**

Escucha y repite.

a: alas   cara   falda   mañana   sábado

e: enero   perder   merengue   tener   verde

i: Iris   liso   difícil   vivir   significa

o: otoño   rojo   agosto   dolor   estómago

u: uvas   mucho   Úrsula   azul   Uruguay

1. Ana va con la mamá a la casa.
2. El nene de Tere bebe leche.
3. Iris escribe con la tiza amarilla en la pizarra.
4. Yo corro con Toño todos los domingos.
5. Úrsula busca una blusa azul.

¿Dónde está la mujer?

Using Pronouns to Talk about Yourself and Others

Certain words in Spanish help make it clear who is doing an action. These words are called subject pronouns. You already know some of them. Study the pronouns below the pictures.

yo   tú

él   ella   usted

How many people does each pronoun refer to?

The pronouns **yo, tú, él, ella,** and **usted** are called singular pronouns because they stand for only one person or subject.

Now study the following pictures and pronouns.

How many people does each pronoun refer to? One or more than one?

These pronouns are called plural pronouns because they stand for more than one person or subject.

In most of Latin America, people use **ustedes** to talk to a group of friends. In Spain, people use **vosotros** and **vosotras** to talk to a group of friends. Unless you travel to Spain, you will probably not use **vosotros** and **vosotras**. However, you should become familiar with the word.

As you study Spanish, you will see charts that are divided into two columns: singular and plural.

Singular	Plural
yo	nosotros, nosotras
tú	vosotros, vosotras
él	ellos
ella	ellas
usted	ustedes

Practice reading some examples of using pronouns to refer to people.

Elena, Tomás y yo	=	nosotros
Juan, Luis y yo (un muchacho)	=	nosotros
Anita, Ema y yo (una muchacha)	=	nosotras
Diego, Felipe y Rosa	=	ellos
Francisco, Paco y Beto	=	ellos
María, Susana y Marcela	=	ellas
Sr. López y Sra. González	=	ustedes
Srta. Gutiérrez y Sra. Alonso	=	ustedes
Sr. Escobar y Sr. Ruiz	=	ustedes

¡Vamos a practicar!

A. The Cueva family is having a party in their house. Sra. Cueva is wondering who has arrived. How do people answer her questions without using their names?

Primero, lee la pregunta. También, lee las palabras entre paréntesis. Luego, contesta la pregunta con **nosotros, nosotras, ellos** o **ellas.** Sigue el modelo.

Modelo: ¿Quién está en la sala?

(Juan, Alberto y yo—Rogelio)

Respuesta: Nosotros.

1. ¿Quién está en la cocina?
    (Elena, Carlota y Ana)

2. ¿Quién está en el patio?
    (Mari, Julia y yo—Alicia)

3. ¿Quién está en el balcón?
    (Sr. Fonseca y Sra. Bolivar)

4. ¿Quién está en el comedor?
    (Berta, Javier y yo—Eduardo)

5. ¿Quién está en el jardín?
    (Samuel y Ricardo)

6. ¿Quién está en el despacho?
    (Manuel, Raúl y yo—Paco)

B. Imagine that you are taking a survey. How would you speak to, or address, different people?

Primero, lee los nombres. Luego, escribe la palabra apropiada—**tú, usted** o **ustedes.** Sigue los modelos.

Modelo: Raúl, Carlos y Mateo
Respuesta: Ustedes.

Modelo: Sra. Vásquez y Srta. Mijares

Respuesta: Ustedes.

1. Carmen
2. Antonio y Sara
3. Humberto
4. Esteban y Guillermo

5. Sra. Casas
6. Juanita, Rosa y Linda
7. Sr. Madero y Sr. Juárez
8. Eugenia y Leonardo

C. Andrea is new to your Spanish class. She is not sure how to talk about herself and other people. As Andrea points out people in the school, tell her what pronoun she would use to talk about them.

Primero, lee la pregunta. Luego, contesta la pregunta. Sigue los modelos.

Modelo: ¿Tu amigo Paco?

Respuesta: Él.

Modelo: ¿Tú y yo?

Respuesta: Nosotros. [Nosotras.]

1. ¿La profesora?
2. ¿Elsa y Elena?
3. ¿Tus amigos y tú?
4. ¿Hugo y la profesora?
5. ¿Las muchachas y yo?

6. ¿Rogelio, Bruno y yo?
7. ¿María y Mateo?
8. ¿Sr. López y Sr. Luna?
9. ¿Tus amigas y tú?
10. ¿Juan?

Talking about Location

Study the pictures and read the sentences below. All the verbs in the sentences come from the infinitive **estar.**

Singular	Plural

Estoy en la casa.

Estamos en la casa.

Estás en la casa.

Está en la casa.

Están en la casa.

What form of **estar** do you use to state where you are?

What form do you use to state where you and your friends are?

What form do you use to talk about where two or more people are?

Usually, verbs are presented in charts, like the one below.

Estar

Singular		Plural	
yo	**estoy**	nosotros, nosotras	est**amos**
tú	est**ás**	vosotros, vosotras	est**áis**
él ella usted	est**á**	ellos ellas ustedes	est**án**

Practice reading some questions and answers that use the verb **estar:**

Pregunta: Muchachos, ¿dónde **están** ustedes?
Respuesta: **Estamos** en la cocina, mamá.

Pregunta: ¿Dónde **están** Julia y Margarita?
Respuesta: Ellas **están** en el patio.

Pregunta: ¿Dónde **está** el perro?
Respuesta: **Está** en la sala.

Pregunta: ¿Dónde **está** tu libro de español?
Respuesta: **Está** en mi dormitorio, profesora.

Pregunta: ¿Cómo **estás,** Alejandro?
Respuesta: **Estoy** muy bien, gracias.

¡Vamos a practicar!

A. Imagine that you're in charge of the house until your mother gets home from work. When she calls, you tell her where everyone is.

Primero, lee la frase. Luego, lee las palabras entre paréntesis. Por último, escoge la palabra que va con la oración. Sigue el modelo.

Modelo: Marta y yo —— en el sótano.

(estoy / estamos)

Respuesta: **Marta y yo estamos en el sótano.**

1. Alfredo y Elisa —— en el patio.
   (está / están)

2. Ahora, yo —— en el despacho.
   (estoy / estamos)

3. Ofelia —— en el garaje.
   (está / están)

4. El gato y el pájaro —— en el techo.
   (está / están)

5. Mi amigo y yo —— en el balcón ahora.
   (estoy / estamos)

6. Mi hermana —— en su dormitorio.
   (está / están)

7. ¡Ahora, el perro, el gato y el pájaro —— en la sala!
   (está / están)

8. ¡Ay! Los animales y yo —— en el comedor. ¡Adiós, mamá!
   (estoy / estamos)

B. A friend of yours is having a party. Your curious uncle calls during the party. He wants to know where everyone is.

Primero, lee la pregunta. Luego, contesta la pregunta. Por último, escribe la respuesta. Sigue el modelo.

   Modelo: ¿Guillermo y tú?   (la cocina)
   Respuesta: **Nosotros estamos en la cocina.**

1. ¿Arturo y Claudio?   (la sala)
2. ¿Elena, Rubén y tú? (las escaleras)
3. ¿Ramón y Luz?   (el balcón)
4. ¿Alba y Marta?   (el garaje)
5. ¿Miguel, David y Jaime? (el jardín)
6. ¿Los papás? (el sótano)

C. Your school principal has just won an important award. He's so excited, he has to tell someone about it. When he calls the school, a stranger answers the phone! Where is everybody?

Primero, lee los nombres. Luego, forma una pregunta. Sigue el modelo.

   Modelo: Sra. Castillo
   Respuesta: **¿Dónde está la señora Castillo?**

1. Claudio y Nicolás
2. Sr. Ramírez
3. Srta. Carvajal
4. Margarita
5. Sra. Gómez y Pepe
6. Lucía y Oswaldo

Describing Whether Something Is Inside or Outside

Study the following pictures and sentences. Which words tell you that something is inside the house? Which words tell you that something is outside the house?

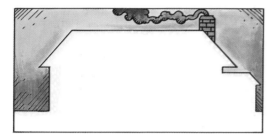

La chimenea está **fuera de**
la casa.

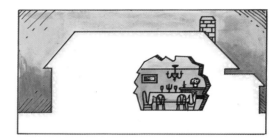

El comedor está **dentro de**
la casa.

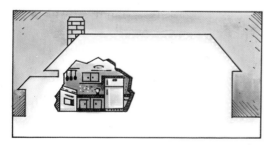

La cocina está **dentro de** la casa.

El patio está **fuera de** la casa.

Dentro de and **fuera de** are called prepositions. Which word do these prepositions have in common? In the sentences above, what verb do these prepositions follow?

¡Vamos a practicar!

A. Sometimes the García's house is like a zoo! It's hard to keep track of all their animals and their family, too!

Primero, mira el dibujo. Luego, lee la oración. Por último, completa la oración con **dentro de** o **fuera de.** Sigue los modelos.

> **Modelo:** El oso está —— la casa.
> **Respuesta:** **El oso está fuera de la casa.**

> **Modelo:** José está —— la casa.
> **Respuesta:** **José está dentro de la casa.**

1. El Sr. García está —— la casa.
2. Los gatos están —— la casa.
3. Luisa está —— la casa.
4. El perro está —— la casa.
5. La Sra. García y Tonio el tigre están —— la casa.
6. Óscar y Lenta la tortuga están —— la casa.

¡A conversar!

Una carrera en casa

PACHA: ¡Hola! ¡Celia! ¿Dónde estás? ¿Estás en casa?

CELIA: Estoy en la sala. Entra, Pacha.

PACHA: Bueno, yo también estoy en la sala. ¿Dónde estás tú?

CELIA: ¡Uf! ¡No, no, no! . . . Estoy en la cocina.

PACHA: Pues, yo estoy en la cocina. ¿Dónde estás?

CELIA: ¡Puf! ¡Ay! ¡Uf! . . . Estoy fuera de la casa. Estoy en el patio . . . en el jardín.

PACHA: ¡Mira, chica! Estoy en el patio y ahora en el jardín. ¡Tú no estás aquí! ¿Dónde estás?

CELIA: Estoy dentro del garaje. ¡Ayyy!

PACHA: ¡Por fin! Ahora estamos en el mismo lugar. ¿Qué pasa?

CELIA: Es que . . . es que el perrito tiene mis tareas para la clase de español. ¡Y él va más rápido que yo!

Preguntas

1. ¿Quién va a la casa de Celia?
2. ¿Está Celia en la cocina?
3. ¿Está ella dentro de la casa?
4. ¿Está ella fuera de la casa?
5. ¿Dónde están Celia y su perrito?

¡Conversa tú!

1. ¿Qué te gusta más, estar dentro de la casa o fuera de la casa?
2. ¿Tienes un cuarto favorito? ¿Cuál es?
3. ¿En qué cuarto estudias?
4. ¿Cómo es tu dormitorio?
5. ¿Cuántas horas estás en casa cada día?

¿Dónde están las mujeres? ¿Están dentro de la casa?

¿Dónde está el muchacho? ¿Está dentro de la casa?

¡A divertirnos!

La casa extraña

Mira el dibujo. ¿Qué está dentro de la casa extraña? ¿Qué está fuera de la casa extraña? ¿Dónde están todas las partes de la casa?

La cultura y tú

¿Dónde vive la gente hispana?

Mucha gente de los países latinos vive en casas. Por lo general, no hay "yards" en las casas. Hay patios en el centro de las casas. La casa en la foto está en Córdoba, España. ¿Cómo es el patio?

También, mucha gente vive en apartamentos. Los apartamentos en la foto están en Buenos Aires, Argentina. ¿Hay balcones en los apartamentos?

¿Vives tú en una casa o en un apartamento? ¿Tienes un patio? ¿Tienes un balcón? ¿Cómo es tu casa o tu apartamento?

Panorama de vocabulario

¿Qué hay en la sala? _____

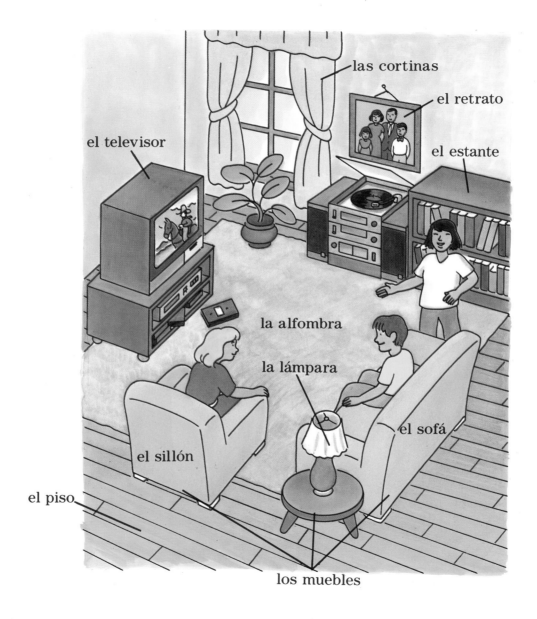

las cortinas

el retrato

el estante

el televisor

la alfombra

la lámpara

el sofá

el sillón

el piso

los muebles

¿Qué hay en el dormitorio?

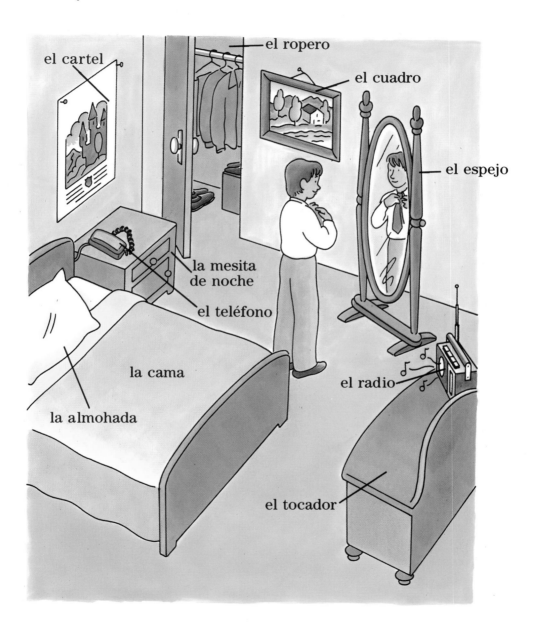

el cartel

el ropero

el cuadro

el espejo

la mesita de noche

el teléfono

la cama

la almohada

el radio

el tocador

¡Aprende el vocabulario!

A. Your baby brother Carlitos is very messy. He is not allowed in the all-white living room. Describe the contents of the living room to Carlitos.

Primero, mira el dibujo. Luego, lee la oración. Por último, completa la oración. Sigue el modelo.

Modelo: —— es blanco.

Respuesta: **El sofá es blanco.**

1. —— es blanca.

3. —— es blanco.

5. —— es blanco.

2. —— es blanca.

4. —— es blanco.

6. —— son blancas.

B. Surprise! Señora Olvida has redecorated her son's bedroom while he
was away on a weekend field trip. She wants to know how he likes
the room. What does she ask him?

Primero, mira el dibujo. Luego, lee la pregunta. Por último,
completa la pregunta. Sigue el modelo.

Modelo: ¿Te gusta ———?

Respuesta: **¿Te gusta el tocador?**

1. ¿Te gusta ———?   **3.** ¿Te gusta ———?   **5.** ¿Te gusta ———?

2. ¿Te gusta ———?   **4.** ¿Te gusta ———?   **6.** ¿Te gusta ———?

C. Señora Olvida has now redecorated the entire house! Señor Olvida is so confused, he can't find anything. Help him by answering his questions.

Primero, lee la pregunta. Luego, escoge una frase para contestar la pregunta. Sigue el modelo.

Modelo: ¿Dónde está el cartel de México?
Respuesta: El cartel está en el dormitorio.

1. ¿Dónde está el televisor?
2. ¿Dónde está la cama?
3. ¿Dónde está la mesita de noche?
4. ¿Dónde está el sofá?
5. ¿Dónde está la alfombra?
6. ¿Dónde está mi sillón?
7. ¿Dónde está el radio?
8. ¿Dónde está el retrato de mi tía Hortensia?
9. ¿Dónde está mi ropa?
10. ¿Dónde está el espejo?
11. ¿Dónde está el cuadro feo?
12. ¿Dónde está el teléfono azul?

en la sala

en el piso

en la pared

en el dormitorio

en el ropero

D. It's your turn! Choose a partner. Interview your partner about his or her house or apartment. Write a short paragraph, using the information you have gathered.

Primero, escribe seis preguntas. Luego, escoge a un compañero. Haz las preguntas a tu compañero y escribe las respuestas. Por último, escribe un párrafo sobre la casa o el apartamento de tu compañero. Lee el modelo.

Modelo:

TÚ:	¿Cuántos cuartos hay en tu casa?
DIANA:	Hay ocho cuartos en mi casa.
TÚ:	¿Hay una sala en la casa?
DIANA:	Sí, hay una sala.
TÚ:	¿Cómo es la sala?
DIANA:	La sala es grande.
TÚ:	¿Dónde está el televisor?
DIANA:	El televisor está en la sala.
TÚ:	¿Cuántos dormitorios hay en la casa?
DIANA:	Hay tres dormitorios en la casa.
TÚ:	¿Tienes un teléfono en tu dormitorio?
DIANA:	No, no tengo teléfono en mi dormitorio.

La casa de Diana

Hay ocho cuartos en la casa de Diana. Hay una sala en la casa de Diana. La sala es grande. El televisor está en la sala. También hay tres dormitorios. Diana no tiene teléfono en su dormitorio.

Los sonidos del idioma

Las consonantes: La r

Escucha y repite el sonido de **ere.**

cara	pero	primo	febrero
pare	brilla	martes	tren
María	historia	padre	garaje

1. En febrero, Sara prepara el almuerzo a las tres.
2. Trece y treinta son cuarenta y tres.
3. ¿Qué hora es? Son las cuatro y cuarto.

¿Qué hay en la sala?

Describing Where Things Are Located

Read the sentences below the pictures. Which words tell you that a
person or thing is close to something? Which words tell you that a
person or thing is far from something?

El muchacho está **cerca de** la
lámpara.

La muchacha está **lejos de** la
lámpara.

Now read the sentences below these pictures. Which words tell you that
a person or thing is in front of something? Which words tell you that a
person or thing is behind something?

El muchacho está **delante del**
sofá.

La muchacha está **detrás del**
sofá.

The words **cerca de, lejos de, delante de,** and **detrás de** are prepositions. They are like the words **dentro de** and **fuera de.**

Practice reading some questions and answers that use prepositions and the verb **estar:**

Pregunta: ¿Dónde está el radio? ¿Está **cerca del** televisor?

Respuesta: No. El radio está muy **lejos del** televisor.

Pregunta: ¿Dónde están Chemito y Paquita?

Respuesta: Ellos están **detrás de** las cortinas.

Pregunta: ¿Dónde está la almohada?

Respuesta: Está en el piso. Está **delante del** tocador.

Pregunta: ¡Ay! ¿Dónde están mis cuadernos y mis libros?

Respuesta: Tus cuadernos están **detrás del** sofá. Tus libros están **delante del** sillón.

Pregunta: ¿Vives **cerca de** la escuela?

Respuesta: No. Mi casa está **lejos de** la escuela.

Pregunta: Sr. Ramos, ¿vive usted **lejos del** cine?

Respuesta: No, mi apartamento está **cerca del** cine.

Look at the questions and answers again. What happens when the word **el** comes after a preposition like **detrás de**?

¡Vamos a practicar!

A. Your canary has escaped from its cage. Your friend is trying to help you catch him.

Primero, mira el dibujo. Luego, lee la oración. Por último, completa la oración con **delante** o **detrás.** Sigue el modelo.

Modelo: Está —— de la lámpara.

Respuesta: **Está detrás de la lámpara.**

1. Está —— del radio.

3. Está —— de las cortinas.

2. Está —— del sillón.

4. Está —— del sofá.

B. The Salazar family has a new apartment. The movers have just put the furniture in the living room. Sra. Salazar is calling her husband from work to find out where they put everything.

Primero, lee la oración. Luego, mira el dibujo. Por último, completa la oración con **cerca de** o **lejos de.** (Si es necesario, usa **del** en tu respuesta.) Sigue el modelo.

Modelo: El sofá está —— el sillón.
Respuesta: El sofá está cerca del sillón.

1. El cuadro está —— el televisor.
2. El estante está —— las cortinas.
3. La alfombra está —— el sofá.
4. El teléfono está —— las cortinas.
5. La lámpara está —— el televisor.
6. El sillón está —— la alfombra.

C. How well do you know your home?

Primero, lee las palabras. Luego, forma dos oraciones con las palabras. Por último, escribe la oración. Sigue el modelo.

dentro de	delante de	cerca de
fuera de	detrás de	lejos de

Modelo: 1. Mi cama está dentro de mi dormitorio.

Mi cama está lejos del ropero.

1. mi cama
2. el jardín
3. el televisor

4. el buzón
5. el teléfono
6. la lámpara

D. Exchange the sentences you wrote in exercise C with a partner. Ask your partner five questions about his or her home. Then answer your partner's questions about your home.

Escoge a un compañero. Primero, lee las oraciones de tu compañero. Luego, haz cinco preguntas sobre las oraciones. Primero, lee el modelo.

Modelo: 1. Tu cama está cerca del ropero, ¿verdad?

2. ¿Dónde está el teléfono?

etcétera

Talking about People and Things

The words **singular** and **plural** refer to the number of people or things. Which words below are singular? Which words are plural?

el alumno	los alumnos	la alumna	las alumnas
el espejo	los espejos	la cama	las camas
el retrato	los retratos	la mesa	las mesas

The words **masculine** and **feminine** refer to the gender of nouns (words that stand for people, places, or things). Usually, words that end in **-o** are masculine and words that end in **-a** are feminine. Look at the lists again. Which words are masculine and which are feminine?

Sometimes nouns do not end in **-o** or **-a.** Read the words below.

el cartel	los carteles	la pared	las paredes
el televisor	los televisores	la mujer	las mujeres
el estante	los estantes	la noche	las noches

If you use **el** and **los** as clues to masculine words, which words in the lists above are masculine? If you use **la** and **las** as clues to feminine words, which words in the lists are feminine?

Look at the lists again. Which words are singular? Which words are plural?

Sometimes nouns do not follow all the rules. You simply have to learn the exceptions to the rules. Why are the words below exceptions?

el día	los días	la mano	las manos
el sofá	los sofás	el mapa	los mapas

Some other exceptions are words that change their spelling. What happens to the letter **z** when you make the following words plural?

el lápiz	los lápices	la nariz	las narices
el pez	los peces		

Practice reading some questions and answers:

Pregunta:	¿Es **bonito** el retrato de Amalia?
Respuesta:	Sí, el retrato es muy **bonito.**

Pregunta:	¿De qué color son las paredes?
Respuesta:	Las paredes son **amarillas.**

Pregunta:	¿Cuántos lápices **rojos** tienes?
Respuesta:	Tengo un lápiz **rojo.**

Pregunta:	El día está **feo,** ¿verdad?
Respuesta:	Sí, está muy **feo.** Hace **mal** tiempo.

How observant are you?
The words in heavy black letters are adjectives, or descriptive words.

If the noun is singular, is the adjective singular or plural?
If the noun is plural, is the adjective singular or plural?
If the noun is masculine, is the adjective masculine or feminine?
If the noun is feminine, is the adjective masculine or feminine?

¡Vamos a practicar!

A. Pepe was so bored one afternoon that he rearranged the furniture in the house. He even made a list to help his parents find things, but he spilled lemonade on it!

Primero, lee la oración. Luego, completa la oración con **el, los, la** o **las.** (Si es necesario, usa **del.**) Sigue el modelo.

Modelo: —— mapa está en —— pared, cerca —— espejo.

Respuesta: **El mapa está en la pared, cerca del espejo.**

1. —— radios están en —— dormitorio.
2. —— mesa grande está en —— sala.
3. —— sofá está delante de —— cortinas.
4. —— retratos de mis tíos están dentro —— garaje.
5. —— teléfono está lejos de —— cama.
6. —— mapas de México están cerca de —— estantes.
7. —— sillones están dentro de —— cocina.
8. —— cuadro de —— mujer azul está en —— balcón.
9. —— lápices están dentro —— escritorio en —— sótano.
10. —— televisor está cerca de —— pared en —— comedor.

B. Juanita loves to show off. No matter what you say, she has to top it. Just tell her something and see what happens.

Primero, lee la oración. Luego, lee el número entre paréntesis. Por último, forma una oración con el número. Sigue el modelo.

Modelo: Tengo un radio bonito. (tres)

Respuesta: ¡Yo tengo tres radios bonitos!

1. Tengo un cartel pequeño. (cuatro)
2. Tengo un televisor grande. (seis)
3. Tengo un pez azul. (nueve)
4. Tengo un sofá amarillo. (dos)
5. Tengo un lápiz largo. (veinte)
6. Tengo un tocador alto. (dos)
7. Tengo un mapa verde y azul. (trece)
8. Tengo una mano grande. (dos)

C. Laura is feeling sad today. No matter how hard you try, she won't cheer up! Ask her some questions to keep her mind off her problems.

Primero, lee las palabras. Luego, haz una pregunta con las palabras. Sigue los modelos.

Modelo: dormitorio / bonito

Respuesta: Tienes un dormitorio bonito, ¿verdad?

Modelo: paredes / amarillo

Respuesta: Las paredes son amarillas, ¿verdad?

1. radio / grande
2. sofá / morado
3. lápices / largo
4. mapa / bonito
5. mesa / bajo

6. televisores / blanco
7. tocadores / marrón
8. peces / rojo
9. nariz / pequeño
10. cama / feo

D. Imagine that your pen pal from Ecuador has asked you some questions about your home. You don't have a picture to send him, so you have to describe it.

Primero, lee la frase. Luego, escoge unas palabras que van con la frase. Por último, escribe una oración. Sigue el modelo.

Modelo: las cortinas

Respuesta: Hay cortinas largas en la sala.

1.	el televisor	**4.**	las paredes	**7.**	el teléfono
2.	la cama	**5.**	el cartel	**8.**	las ventanas
3.	el jardín	**6.**	el tocador	**9.**	el espejo

tengo	grande	bonito	largo
hay	pequeño	feo	corto
está / están	alto	rojo	blanco
es / son	bajo	amarillo	negro

¿Cómo son los sofás?

¡A conversar!

Unas preguntas pesadas

ESTEBAN:	¿Dónde va el televisor? ¿Delante del sofá?
SR. OLVIDA:	A ver, a ver... no, por favor, en...
RAQUEL:	¿Aquí, en la alfombra?
SR. OLVIDA:	No, no... cerca de...
ESTEBAN:	¿Va cerca del estante?
SR. OLVIDA:	No, no... detrás de...
RAQUEL:	¿Va detrás de la lámpara?
SR. OLVIDA:	No. No va detrás de la lámpara.
ESTEBAN:	¡Uf! Va aquí en el piso. Adiós, Sr. Olvida.
RAQUEL:	¡Ay! ¡Qué dolor tengo en los brazos! Adiós.

Preguntas

1. El televisor va delante del sofá, ¿verdad?
2. ¿Va el televisor cerca del estante?
3. ¿Va el televisor detrás de la lámpara?
4. ¿Dónde está el televisor?
5. ¿Dónde están Esteban y Raquel, cerca o lejos del Sr. Olvida?

¡Conversa tú!

1. ¿Cuántos televisores hay en tu casa?

2. ¿Tienes un radio o un televisor en tu dormitorio?

3. ¿Está tu cuarto cerca o lejos de la sala?

4. ¿Está tu cuarto cerca o lejos del cuarto de baño?

5. ¿Cómo es tu tocador?

6. ¿Dónde está el teléfono en tu casa?

¡A divertirnos!

Palabras que riman

Los nombres de las personas riman con los muebles y las partes de los cuartos. ¿Qué tiene cada persona?

1. Alfonsina tiene una ———.

2. El Sr. Romero tiene un ———.

3. Rosita del Coche tiene una ———.

4. La Sra. Rama tiene una ———.

5. Arcadio tiene un ———.

6. Alejo tiene un ———.

7. La Srta. Cardón tiene un ———.

8. Alicia Danzante tiene un ———.

La cultura y tú

¿Cómo vive la gente?

Manolito es de Colombia. Él vive con sus padres, su tía, su primito y sus abuelos. En Colombia, mucha gente vive muy cerca de toda su familia.

Irene es de Venezuela. Ella está en el parque con su amigo. La casa de Irene tiene un patio pequeño, pero no tiene jardín. El parque está cerca de su casa. Ella va al parque todos los días.

Estos muchachos mexicanos están en un parque también. No hay jardines en sus casas. Tampoco hay patios grandes.

¿Es más divertido estar en casa o estar en el parque? Si hay muchas personas en la casa, ¿te gusta más estar dentro o fuera de la casa?

3

Panorama de vocabulario

¿Qué usamos en la cocina? _____

el lavaplatos

la estufa

el fregadero

el horno

el refrigerador

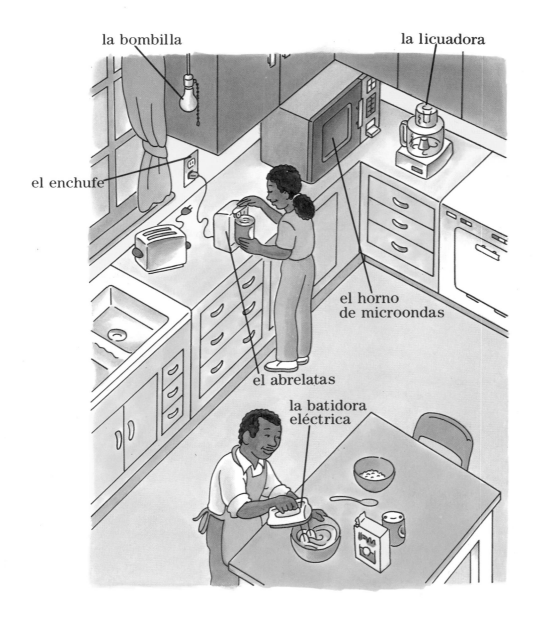

la bombilla

la licuadora

el enchufe

el horno
de microondas

el abrelatas

la batidora
eléctrica

¡Aprende el vocabulario!

A. You want to surprise your family by making dinner tonight. What will you use in the kitchen?

Primero, mira el dibujo. Luego, contesta la pregunta **¿Qué vas a usar?** Sigue el modelo.

Modelo:

Respuesta: Voy a usar la estufa.

1.

4.

7.

2.

5.

8.

3.

6.

9.

B. The Sandoval family has just moved into their new home. The house is still not completely furnished. Help them figure out what is missing in the kitchen.

Mira el dibujo y contesta las preguntas. Sigue el modelo.

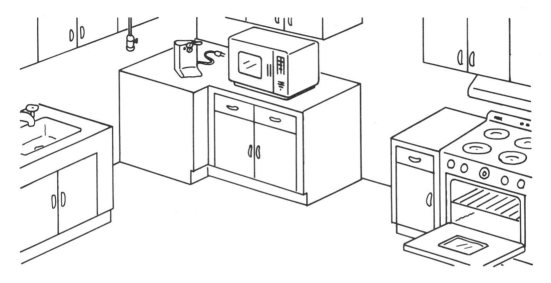

Modelo: ¿Hay una estufa en la cocina?
Respuesta: **Sí, hay una estufa en la cocina.**

1. ¿Hay una licuadora en la cocina?
2. ¿Hay un refrigerador en la cocina?
3. ¿Hay un fregadero en la cocina?
4. ¿Hay un horno de microondas en la cocina?
5. ¿Hay una bombilla en la cocina?
6. ¿Hay un horno en la cocina?

C. What confusion! The Girl Scout troop is baking cookies in your kitchen. Your task is to decide what each baker will be using.

Primero, lee las frases. Luego, escribe una oración. Sigue el modelo.

Modelo: Elisa / la batidora eléctrica

Respuesta: Elisa usa la batidora eléctrica.

1. María / la estufa
2. Yo / el horno de microondas
3. Silvia / el abrelatas

4. Beatriz / el lavaplatos
5. Rosita / el fregadero
6. Carmen / la licuadora

D. Imagine that you're a reporter for the newspaper. Your job is to gather information about what people have in their kitchens. Like every good reporter, you must prepare your list of questions first.

Escribe cinco preguntas sobre las cosas en una cocina. Primero, lee el modelo.

Modelo:
1. ¿Cómo es la cocina, grande o pequeña?
2. ¿Cuántos enchufes hay en la cocina?
3. ¿De qué color es el refrigerador?
4. ¿Cuántas licuadoras hay en la cocina?
5. ¿De qué color es el lavaplatos?

Los sonidos del idioma

Las consonantes: La r

Escucha y repite el sonido de **erre.**

rancho	ropa	borrador	perro
real	rubia	corre	arroz
rico	Raúl	herrero	Marruecos

1. El rancho de Rosita es rosado.
2. Raúl corre con el borrador a la pizarra.
3. Rita y su perro llevan ropa roja y marrón de Marruecos.

¿Qué usa la muchacha, el horno o la estufa?

Talking about Actions

Study the sentences below the pictures. The verb **cocinar** is a regular **-ar** verb. You already know the singular forms of many regular **-ar** verbs.

Singular	**Plural**

Yo **cocino** muy bien.

Nosotras **cocinamos** muy bien.

Tú no **cocinas.** ¡Nunca!

Él siempre **cocina.**

Ellos **cocinan** muy mal.

What ending do you use to talk about yourself and your friends?
What ending do you use to talk about two or more people?

Study the charts of regular -ar verbs. How are the verbs after the
pronoun **yo** alike? How are the verbs following **nosotros** and **nosotras**
alike? How are the verbs following **ellos, ellas,** and **ustedes** alike?

Singular

	cocinar	**mirar**	**pintar**
yo	cocin**o**	mir**o**	pint**o**
tú	cocin**as**	mir**as**	pint**as**
él ella usted	cocin**a**	mir**a**	pint**a**

Plural

	cocinar	**mirar**	**pintar**
nosotros, nosotras	cocin**amos**	mir**amos**	pint**amos**
vosotros, vosotras	cocin**áis**	mir**áis**	pint**áis**
ellos ellas ustedes	cocin**an**	mir**an**	pint**an**

Practice reading the following questions and answers:

Pregunta: ¿Qué **miran** ustedes?

Respuesta: **Miramos** los cuadros bonitos.

Pregunta: ¿Quién **cocina** más, tú o tu hermano?

Respuesta: Mi hermano **cocina** más. Yo nunca **cocino.** No me gusta **cocinar.**

Pregunta: ¿Qué **pintan** tus papás?

Respuesta: Ellos **pintan** las paredes de mi dormitorio.

Pregunta: ¿Qué **usan** ustedes, una estufa o un horno de microondas?

Respuesta: Siempre **usamos** el horno de microondas. A veces **usamos** la estufa.

Pregunta: Rita y María **bailan** dentro de la casa, ¿verdad?

Respuesta: No. Ellas **bailan** fuera de la casa. **Bailan** en el patio.

Pregunta: ¿**Caminan** Jorge y Adán a la escuela?

Respuesta: Sí, **caminan** a la escuela todos los días.

How observant are you?
Find the words in the questions and answers that come from these regular **-ar** verbs: **bailar, usar, caminar.**

¡Vamos a practicar!

A. Alicia and her friends want to make a pizza. Who knows how to cook well? Find out!

Primero, lee la pregunta. Luego, contesta con **sí** o **no**. Sigue el modelo.

Modelo: Arturo, ¿cocinas bien?

Respuesta: **No, no cocino bien.**

1.   Marta y Luis, ¿ustedes cocinan bien?

2.   Dionisio, ¿cocinas bien?

3.   Lucía y Nora, ¿ustedes cocinan bien?

4.   Olga, ¿cocinas bien?

5.   Sr. Fuentes, ¿usted cocina bien?

B. It's Saturday and everyone in the neighborhood is very busy. What are they doing?

Primero lee la oración. Luego, completa la oración con una forma de la palabra entre paréntesis. Sigue los modelos.

Modelo: Silvia —— las paredes del dormitorio. (pintar)
Respuesta: **Silvia pinta las paredes del dormitorio.**

Modelo: Lidia y Manuel —— la computadora. (usar)
Respuesta: **Lidia y Manuel usan la computadora.**

1. Los papás de Pepe —— mucho. (cocinar)
2. Susana —— también. (cocinar)
3. Consuelo y yo no ——. (cocinar)
4. Nosotros —— las paredes de la sala. (pintar)
5. Mi hermanito —— también. (pintar)
6. Humberto y Juan no —— en el patio. (pintar)
7. Ellos —— la computadora. (usar)
8. Mi abuela —— la computadora también. (usar)
9. El gato no —— la computadora. (usar)
10. ¡El gato —— los pájaros en el jardín! (mirar)

C. Your pen pal in Honduras is waiting to hear from you. In a short letter, tell him what you and your family do. Ask at least four questions about him and his family in your letter.

Escribe una carta a tu amigo. Haz cuatro preguntas. Lee la lista de palabras. Primero, lee la carta de Sara.

cocinar	bailar
mirar	usar
pintar	practicar los deportes
caminar	nadar

Querido amigo,

Me llamo Sara Hurtado. Yo no cocino bien, pero mis hermanos sí cocinan. ¿Cocinas tú? Me gusta practicar los deportes con mi familia. Todos los domingos nadamos o caminamos. ¿Practican ustedes los deportes? ¿Nadan mucho?

También, bailo mucho. Me gusta bailar con mis amigos. Mi amigo Pedro baila bien. ¿Bailas con tus amigos? ¿Bailan bien?

Ahora voy a pintar con mi hermano.

¡Hasta luego!

Sara

Using Other Verbs to Talk about Actions

Read the sentences below the pictures. The verb **comer** is a regular **-er** verb. You already know the singular forms of some regular **-er** verbs.

Singular

Plural

Yo **como** en la cocina.

Nosotros **comemos** en el comedor.

¡Tú **comes** mucho!

Ella **come** poco.

Ellos siempre **comen** mucho.

What ending do you use to talk about yourself and your friends?
What ending do you use to talk about two or more people?

Study the charts of some regular **-er** verbs.

Singular

	comer	correr	aprender
yo	com**o**	corr**o**	aprend**o**
tú	com**es**	corr**es**	aprend**es**
él ella usted	com**e**	corr**e**	aprend**e**

Plural

	comer	correr	aprender
nosotros, nosotras	com**emos**	corr**emos**	aprend**emos**
vosotros, vosotras	com**éis**	corr**éis**	aprend**éis**
ellos ellas ustedes	com**en**	corr**en**	aprend**en**

What do the verbs following **tú** have in common?

How are the verbs following **nosotros** alike?

How are the verbs following **ellos, ellas,** and **ustedes** alike?

Once you know the endings of some regular **-er** verbs, you can use other regular **-er** verbs, too. Practice reading some questions and answers:

Pregunta: ¿Dónde **come** tu familia, en la cocina o en el comedor?

Respuesta: Siempre **comemos** en el comedor.

Pregunta: ¿**Corren** mucho ustedes en el gimnasio?

Respuesta: Sí, **corremos** mucho. Es muy divertido.

Pregunta: ¿Qué **aprenden** los alumnos en esta clase?

Respuesta: ¡**Aprenden** el español!

Pregunta: Sra. Suárez, ¿**leen** muchos libros sus hijos?

Respuesta: Sí, mis hijos **leen** cuatro libros cada semana.

Pregunta: ¿**Comprenden** ustedes la lección?

Respuesta: ¡Claro que sí! Siempre **comprendemos** las lecciones.

How observant are you?
Find the words in the questions and answers that come from these regular **-er** verbs: **leer, comprender.**

¡Vamos a practicar!

A. Ricardo's cousin lives far away. Whenever she visits, she and Ricardo have lots of questions for each other.

Primero, lee la pregunta. Luego, contesta la pregunta con **¡Claro que sí!** o **¡Claro que no!**

Modelo: ¿Lees muchos libros?

Respuesta: ¡Claro que sí! Leo muchos libros.

1. ¿Corres en tu casa?

2. ¿Comes mucho?

3. ¿Lees en la sala?

4. ¿Corres a la escuela?

5. ¿Aprendes mucho en la escuela?

6. ¿Siempre comprendes la lección?

¡A divertirnos!

La familia Fulano

¡Aquí está la familia Fulano otra vez!

Señora, ¿por qué comen mucho fuera de la casa?

¡Porque cocino muy mal dentro de la casa!

B. Mauricio and his friends want to have a snack. First, they need to find out who eats a little and who eats a lot.

Primero, mira el dibujo. Luego, lee el nombre o los nombres. Por último, forma una oración. Sigue el modelo.

Modelo: ¿Pablo?

Respuesta: **Pablo come poco.**

1. ¿Carmen?

4.  ¿Sr. Lucero?

2. ¿Iris y José?

5.  ¿Mauricio, Olga y Paco?

3. ¿Lucho y yo?

6. ¿Tú?

C. Little Pepito is upset because everyone is too busy to play with him. What is everyone doing?

Primero, lee las palabras. Luego, forma una oración. Sigue el modelo.

Modelo: Ricardo y Eugenia / aprender el español / la sala.
Respuesta: **Ricardo y Eugenia aprenden el español en la sala.**

1. Ramón / comer / la cocina.

2. Carolina, Graciela y tú / correr / el patio.

3. El abuelo y la abuela / leer / el despacho.

4. Yo / comer y leer / el balcón.

5. Los papás de Pepito / aprender el inglés / la sala.

6. Nosotros / comer / el comedor.

D. The local television station has a program just for young people. You have been invited to interview a classmate on the air.

Primero, escribe cinco preguntas. Luego, haz las preguntas a tu compañero. Lee el modelo.

Modelo: TÚ: ¿Te gusta leer?

ANITA: Sí, me gusta mucho.

TÚ: ¿Leen mucho tus amigas?

ANITA: Sí, mis amigas leen mucho.

TÚ: ¿Cuántos libros leen ustedes en un mes?

ANITA: ¡Uf! En un mes leemos veinte libros.

Using More Verbs to Talk about Actions

Study the sentences below the pictures. The verb **abrir** is a regular **-ir** verb. You already know its singular forms.

Singular	Plural

Abro la puerta.

Nosotras **abrimos** la puerta.

¿**Abres** la puerta del garaje, papá?

Él **abre** la puerta del refrigerador.

Ellas **abren** la puerta del salón de clase.

What ending do you use to talk about yourself and your friends?

What ending do you use to talk about two or more people?

Study the charts of some regular **-ir** verbs.

Singular

	abrir	**batir**	**escribir**
yo	abr**o**	bat**o**	escrib**o**
tú	abr**es**	bat**es**	escrib**es**
él ella usted	abr**e**	bat**e**	escrib**e**

Plural

	abrir	**batir**	**escribir**
nosotros, nosotras	abr**imos**	bat**imos**	escrib**imos**
vosotros, vosotras	abr**ís**	bat**ís**	escrib**ís**
ellos ellas ustedes	abr**en**	bat**en**	escrib**en**

How are the verbs following **él, ella,** and **usted** alike?

How are the verbs following **nosotros** alike?

What do the verbs following **ellos, ellas,** and **ustedes** have in common?

Practice reading the following questions and answers:

Pregunta: ¿Quién **abre** las puertas de la escuela?

Respuesta: Los profesores **abren** las puertas.

Pregunta: Elena y Marcos, ¿qué usan ustedes para **batir,** la licuadora o la batidora eléctrica?

Respuesta: Siempre **batimos** con la batidora eléctrica.

Pregunta: ¿Qué **escriben** ellos?

Respuesta: **Escriben** las respuestas a las preguntas.

Pregunta: ¿**Recibes** cartas de tus primos?

Respuesta: Yo nunca **recibo** cartas. Pero mis padres **reciben** muchas cartas de mis primos.

How observant are you?

Find the words in the questions and answers that come from this regular -**ir** verb: **recibir.**

¡Vamos a practicar!

A. Miguel hears strange noises at dawn. Everyone sounds busy, and the sun isn't even up yet! What's going on?

Primero, lee la pregunta. Luego, lee las palabras entre paréntesis. Por último, contesta la pregunta.

Modelo: ¿Quién abre la puerta? (Rafael y Silvia)

Respuesta: **Rafael y Silvia abren la puerta.**

1. ¿Quién abre el refrigerador? (Mamá y Carlitos)

2. ¿Quién abre el horno? (Papá y Juan)

3. ¿Quién abre la ventana del dormitorio? (el abuelo)

4. ¿Quién abre la puerta del lavaplatos? (Flora)

5. ¿Quién abre la puerta de la sala? (David y Jaime)

6. ¿Quién abre las cortinas? (Tía Octavia)

7. ¿Quién abre la puerta del garaje? (Nosotros)

8. ¿Quién abre las ventanas de la sala? (Tío Víctor y Sarita)

B. You and your friends have appeared on a game show and walked away with all the prizes. Your envious brother wants to know what prizes everyone will receive and what you will give him.

Primero, lee la pregunta y la palabra entre paréntesis. Luego, escribe una respuesta. Sigue el modelo.

Modelo: ¿Qué recibe Manuel? (dos cuadernos rojos)
Respuesta: Manuel recibe dos cuadernos rojos.

1. ¿Qué reciben Lidia y Bernardo? (una batidora eléctrica)

2. ¿Qué recibes tú? (un televisor)

3. ¿Qué reciben ustedes? (cuatro carteles)

4. ¿Qué recibe Luis? (un pupitre marrón)

5. ¿Qué recibe la señora Campos? (un radio)

6. ¿Qué reciben Anita y tú? (una alfombra bonita)

7. ¿Qué reciben Isabel y Zoraida? (unos libros)

8. ¿Qué recibo yo? (un mapa grande)

C. The Molina family loves puzzles. You are not surprised, then, when
    Gloria Molina gives you scrambled answers to your questions.

Primero, lee la pregunta. Luego, lee la respuesta. Por
último, escribe la respuesta. Sigue el modelo.

Modelo: ¿Viven ustedes en una casa grande?

un apartamento. / en / vivir / No,

Respuesta: No, vivimos en un apartamento.

1. ¿Quién escribe muchas cartas en tu familia?
    muchas cartas. / escribir / Mi mamá y Rosita

2. ¿Reciben ustedes muchas cartas?
    cada semana. / cuarenta cartas / recibir / Sí,

3. ¿Viven tus amigos cerca de tu apartamento?
    muy lejos. / vivir / ellos / No,

4. ¿Escribes cartas a tus amigos?
    a mis amigos. / cartas / escribir / a veces / Sí,

5. ¿Qué usas para escribir?
    favorito. / mi bolígrafo / con / escribir / Siempre

¿Dónde lee Fernando? ¿Qué lee?

¡A conversar!

Una pesadilla

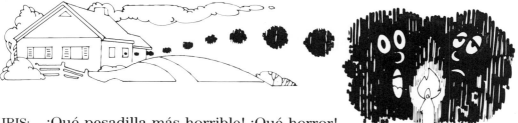

IRIS: ¡Qué pesadilla más horrible! ¡Qué horror!

PAPÁ: Buenos días, Iris. ¿Qué pasa?

IRIS: En mi pesadilla, estamos en casa, pero no hay electricidad. ¡No hay enchufes! Abrimos la puerta del refrigerador, pero no hay luz. ¡No hay bombillas! No batimos nada porque la batidora no funciona. No cocinamos porque el horno de microondas no funciona.

PAPÁ: Pues, en tu pesadilla, no comemos. ¡Caramba! ¡Qué horror!

Preguntas

1. ¿Cuándo habla Iris con su papá?

2. ¿Hay luz en el refrigerador?

3. ¿Por qué no hay luz?

4. ¿Por qué no cocinan ellos?

5. ¿Por qué no comen ellos en la pesadilla?

¡Conversa tú!

1. ¿Qué usas tú en la cocina?

2. ¿Tienes un lavaplatos?

3. ¿Cuántos enchufes hay en tu cocina?

4. ¿Quién cocina en tu familia?

5. ¿Dónde comes por la mañana?

La cultura y tú

El cobre de Santa Clara

Las personas de Santa Clara del Cobre, México, hacen cosas muy bonitas para la cocina. En todo México, las personas compran estas ollas para sus cocinas. También usan las ollas para adornar los patios y las salas.

Este muchacho vive en Santa Clara del Cobre en México. Él tiene catorce años. Toda su familia hace ollas y otras cosas de cobre.

El muchacho hace una olla de cobre muy grande. Muchas ollas para las cocinas son más pequeñas que esta olla.

Primer repaso

A. Una conversación entre amigos

ALMA: ¡Pedro! ¿Dónde estás?

PEDRO: Estoy en la sala con Felipe. ¿Dónde estás tú?

ALMA: Estoy en el patio. La puerta de tu casa no abre.

PEDRO: Sí. Mi tío Javier pinta la puerta. Yo abro la ventana.

ALMA: Gracias, Pedro. Ahora, ¿dónde están Felipe y tú? ¡No hay luz!

PEDRO: Estamos cerca de la lámpara. Mi tío pinta la bombilla. Abro las cortinas.

ALMA: ¡Caramba! ¿Qué es esto, Pedro?

PEDRO: Es el espejo.

ALMA: ¡Es anaranjado!

PEDRO: Sí. A mi tío le gusta mucho pintar. Pinta el espejo también.

Preguntas

1. ¿Dónde están Pedro y Felipe?
2. ¿Dónde está Alma?
3. ¿Quién abre la ventana? ¿Por qué?
4. ¿Qué pinta el tío de Pedro?
5. ¿De qué color es el espejo?

B. ¿Y tú?

Some friends do everything together; others do not. Do you do everything with your best friend?

Primero, lee las preguntas. Luego, contesta las preguntas en tus palabras. Sigue el modelo.

> **Modelo:** ¿Caminan ustedes a la escuela?
>
> **Respuesta:** **Sí, caminamos a la escuela.**
>
> **[No, no caminamos a la escuela.]**

1. ¿Cocinan bien ustedes?
2. ¿Corren mucho ustedes?
3. ¿Reciben cartas ustedes?
4. ¿Leen ustedes en la sala?
5. ¿Comen mucho ustedes?
6. ¿Usan la computadora?
7. ¿Baten con la batidora eléctrica?
8. ¿Abren las puertas de la escuela?
9. ¿Escriben en la pizarra?
10. ¿Viven en una casa?

C. ¡Ojo!

How observant are you?

Primero, mira las fotos. Luego, escribe entre tres y cinco oraciones sobre cada foto.

1.

2.

CH. Un juego de fiesta _____

Arturo and his friends are playing a party game. Arturo is wearing a blindfold. He has to guess where his friends are by asking questions.

Primero, lee la pregunta. Luego, mira el dibujo y contesta la pregunta. Sigue los modelos.

Modelo: Juan, ¿estás lejos de la pared?

Respuesta: No. Estoy cerca de la pared.

Modelo: Inés y Teri, ¿están fuera de la casa?

Respuesta: No. Estamos dentro de la casa.

1. José y María, ¿están delante del sofá?
2. Pepe, ¿estás dentro de la casa?
3. Paula, ¿estás lejos de la lámpara?
4. Inés y Teri, ¿están delante del sillón?
5. Berta, ¿estás cerca de la ventana?
6. Juan, ¿estás detrás del retrato?

D. Otro juego en la casa

Six-year-old Luis wants you to play "Treasure Hunt." All of the things he names are in more than one place.

Primero, lee la oración. Luego, lee las palabras entre paréntesis. Por último, forma una oración. Sigue el modelo.

Modelo: Busca un sillón.   (sala, dormitorio)

Respuesta: **Los sillones están en la sala y el dormitorio.**

1. Busca un televisor.
   (estante, mesa)

2. Busca una bombilla.
   (lámpara, cocina)

3. Busca un espejo.
   (tocador, pared)

4. Busca un cartel.
   (pared, puerta)

5. Busca un mapa.
   (escritorio, estante)

6. Busca una lámpara.
   (sala, comedor)

E. En el correo

Just imagine! Sr. Delgado from Dos Estrellas Productions would like to film his next movie at your house! He has sent you this letter and awaits your response.

Primero, lee la carta. Luego, contesta las preguntas del Sr. Delgado.

 **Dos Estrellas**

9 de noviembre

Querido amigo,

A mí me gusta mucho tu casa. Tengo unas preguntas para ti.

1. ¿Tienes un garaje? ¿Está detrás de la casa o delante de la casa?
2. ¿Cuántos cuartos tiene la casa?
3. ¿Hay ventanas en el cuarto de baño? ¿Cómo son? ¿Hay cortinas en las ventanas?
4. ¿Cuántas personas viven en tu casa?
5. ¿Comen ustedes en la cocina, en el comedor o en el patio?
6. ¿Cómo son los muebles de la sala? ¿De qué color son?
7. ¿Cuántos televisores tienes? ¿Cuántos teléfonos tienes?
8. Tu casa está cerca del cine, ¿verdad? ¿Está cerca o lejos de las tiendas?

   Mis compañeros y yo vivimos muy lejos de tu casa. ¿Cuál es tu número de teléfono? Por favor, contesta mis preguntas lo más pronto posible.

Atentamente,

Sr. Manolo Delgado

Sr. Manolo Delgado
Presidente, Dos Estrellas

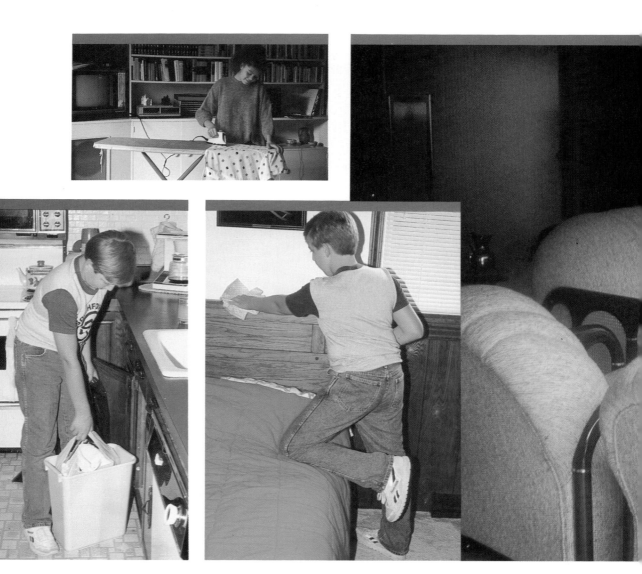

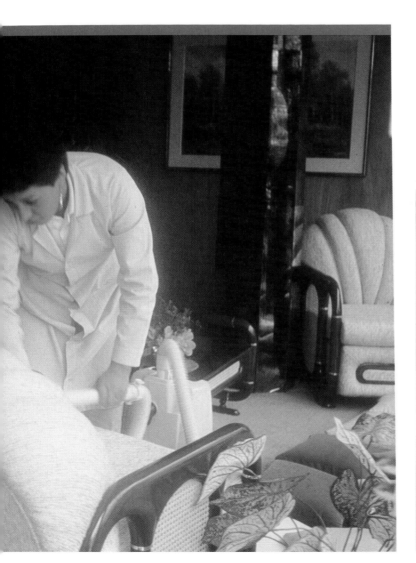

Panorama de vocabulario

¿Qué haces en la casa?

la escoba

barrer el piso

la aspiradora

pasar la aspiradora

el trapeador

limpiar el piso

el trapo

quitar el polvo

la lavadora

lavar la ropa

la secadora

secar la ropa

la plancha

planchar la ropa

regar las plantas

sacar la basura

recoger las cosas

colgar la ropa

sucio

limpio

¡Aprende el vocabulario!

A. Norma's parents have gone away for the day. It's up to her to do the chores. Help her make a list of all the chores.

Primero, mira el dibujo. Luego, contesta la pregunta **¿Qué va a hacer?** Sigue el modelo.

Modelo:

Respuesta: **Va a quitar el polvo.**

1.

3.

5.

7.

2.

4.

6.

8.

B. Norma is almost ready to start the chores. Ask her if she has the proper tools and appliances.

Primero, lee la oración. Luego, escoge las palabras que van con la oración. Por último, escribe la pregunta. Sigue el modelo.

una lavadora	un trapo
una plancha	una escoba
un trapeador	una secadora
una aspiradora	

Modelo: Vas a quitar el polvo. ¿Tienes ——?
Respuesta: **¿Tienes un trapo?**

1. Vas a limpiar el piso. ¿Tienes ——?
2. Vas a pasar la aspiradora. ¿Tienes ——?
3. Vas a lavar la ropa. ¿Tienes ——?
4. Vas a barrer el piso. ¿Tienes ——?
5. Vas a secar la ropa. ¿Tienes ——?
6. Vas a planchar la ropa. ¿Tienes ——?

¿Qué va a hacer Adán? ¿Qué tiene él?

C. José always forgets to do his chores. He has made a calendar to help him remember. How does he answer when you ask him what he does each day?

Primero, mira el calendario y lee las actividades. Luego, contesta las preguntas. Sigue el modelo.

lunes	martes	miércoles	jueves	viernes	sábado	domingo
barrer el piso	sacar la basura	pasar la aspiradora	quitar el polvo	lavar y secar la ropa	limpiar el piso	planchar la ropa
el sótano y el comedor	el patio	la sala y los dormitorios	la sala y el despacho	el sótano	la cocina	el sótano

Modelo: ¿Cuándo lavas y secas la ropa?

Respuesta: **Lavo y seco la ropa los viernes.**

1. ¿Cuándo sacas la basura?
2. ¿Cuándo planchas la ropa?
3. ¿Cuándo pasas la aspiradora?
4. ¿Cuándo limpias el piso?
5. ¿Cuándo quitas el polvo?
6. ¿Cuándo barres el piso?

D. Now José remembers his chores, but he forgets which room he does them in. Use his calendar to answer his questions.

Primero, lee la pregunta y mira el calendario. Luego, contesta la pregunta. Sigue el modelo.

Modelo: ¿Dónde quito el polvo?

Respuesta: **Quitas el polvo en la sala y en el despacho.**

1. ¿Dónde barro el piso?
2. ¿Dónde lavo y seco la ropa?
3. ¿Dónde plancho la ropa?
4. ¿Dónde paso la aspiradora?
5. ¿Dónde saco la basura?
6. ¿Dónde limpio el piso?

E. You want to surprise your family by cleaning up the house. You have already checked the rooms and made some notes. Now, make a list of what does and does not need to be done.

Primero, lee la oración. Luego, decide qué vas a hacer. Por último, escribe una oración. Sigue los modelos.

Modelo: Hay mucha basura en la cocina.

Respuesta: **Voy a sacar la basura.**

Modelo: El piso de la cocina está limpio.

Respuesta: **No voy a limpiar el piso de la cocina.**

1. Mi ropa está muy sucia.
2. La alfombra de la sala está muy sucia.
3. Las alfombras de los dormitorios están limpias.
4. Hay mucho polvo en los estantes.
5. Hay muchas cosas en los muebles.
6. No hay mucho polvo en el tocador.
7. La ropa limpia de mis hermanos está en las camas.
8. Hay mucho polvo en el piso del sótano.

Los sonidos del idioma

Las consonantes: La **r**

Escucha y repite. Compara la **ere** y la **erre**.

pera	rápido	borrador
cerezas	reloj	correr
amarillo	Ricardo	arriba
oro	rosado	marrón
muralla	ruido	arroyo

1. Rosa tiene un carro muy caro.
2. Ramón amarra su perro con la correa larga.
3. Por la tarde, yo corro con Roberto por la carretera.
4. Laura quiere un loro rojo, morado y verde.

¿Qué hace la muchacha en el patio? ¿Qué tiene?

¿Dónde está el muchacho? ¿Qué hace?

Talking about What You Have to Do

Study the pictures and sentences. What verb can you use to talk about what you have to do? What word do you use with the verb?

Singular   **Plural**

Tengo que lavar la ropa.

Tenemos que quitar el polvo.

Tienes que colgar tu ropa.

Ella **tiene que** regar las plantas.

Ellos **tienen que** sacar la basura.

When you talk about your chores and other things you have to do, you use a form of **tener** plus **que** plus an infinitive. All the infinitives in the sentences end in **-ar.** What are they?

Study the following chart. Which forms of the verb **tener** do not have the letters **ie** in them? How is the ending of the **yo** form different?

Tener

Singular		Plural	
yo	**tengo**	nosotros, nosotras	tenemos
tú	tienes	vosotros, vosotras	tenéis
él ella usted	tiene	ellos ellas ustedes	tienen

Look at the chart again. The infinitive **tener** ends in **-er.** Are the forms of the verb the same as the ones for **comer** and **aprender**? Would you say that **tener** is a regular verb or an irregular verb?

¡Vamos a practicar!

A. You would like to help your friends Silvio and Ernestina with the chores, but they won't let you.

Primero, lee la oración. Luego, escribe la respuesta de Silvio y Ernestina. Sigue el modelo.

Modelo: Voy a quitar el polvo en el comedor.

Respuesta: **No, nosotros tenemos que quitar el polvo.**

1. Voy a colgar la ropa en el ropero.

2. Voy a barrer el piso en la cocina.

3. Voy a sacar la basura.

4. Voy a lavar la ropa en el sótano.

5. Voy a recoger las cosas en la sala.

B. The Badillo children all have chores at home, but they would rather go out instead. Their father tells them to do the chores first.

Lee la oración. Luego, escribe una oración más con **tener que** y las palabras entre paréntesis. Sigue los modelos.

Modelo: Papá, vamos al cine. (colgar la ropa)

Respuesta: No, ustedes tienen que colgar la ropa.

Modelo: Papá, voy a practicar los deportes. (planchar la ropa)

Respuesta: No, tú tienes que planchar la ropa.

1. Papá, yo voy a escribir cartas. (regar las plantas)

2. Papá, vamos a correr con el perro. (barrer el piso)

3. Papá, voy a cantar con María. (secar la ropa)

4. Papá, vamos a bailar en la sala. (recoger las cosas)

5. Papá, voy a pintar un cuadro. (sacar la basura)

6. Papá, vamos a las tiendas. (pasar la aspiradora)

C. Virgilio's friends are helping him to get ready for a party. He is telling them what they have to do.

Primero, lee las palabras. Luego, forma una oración con **tener que.** Sigue el modelo.

Modelo: Ustedes / limpiar el piso.
Respuesta: **Ustedes tienen que limpiar el piso.**

1. Tú / pasar la aspiradora.
2. Amalia y yo / recoger las cosas.
3. Humberto / quitar el polvo.
4. Ustedes / sacar la basura.
5. Tatiana / barrer el piso.
6. Eduardo y Consuelo / regar las plantas.

D. You are making up a list of chores for you and your family to do this weekend. Plan at least ten chores, using the lists on the next page.

Primero, lee las listas. Luego, escoge una frase de cada lista. Por último, haz una oración. Haz diez oraciones o más. Sigue el modelo.

Modelo: 1. Mi papá tiene que colgar la ropa.
2. Mis hermanos tienen que barrer el piso.

Mi hermana	tengo que	sacar la basura
Mi papá	tiene que	pasar la aspiradora
Mi mamá y yo	tenemos que	barrer el piso
Yo	tienen que	lavar la ropa
Mi hermano y mi hermana		secar la ropa
Mis padres		colgar la ropa
Mi hermanito y yo		planchar la ropa
Mi papá y mi hermana		quitar el polvo
Mis hermanos		regar las plantas
Mi mamá		recoger las cosas
		limpiar el piso

¡A divertirnos!

Un laberinto de quehaceres

¿Qué tienen que hacer los jóvenes? Sigue el laberinto.

Talking about What You Have Just Finished

Study the pictures and read the sentences.

Tengo que regar las plantas.

Acabo de regar las plantas.

Tenemos que recoger las cosas.

Acabamos de recoger las cosas.

You use **tener que** and an infinitive to talk about what you have to do.
Compare the pictures on the left with the pictures on the right.
Why do you use **acabar de** and an infinitive?

Practice reading the following questions and answers:

Pregunta: ¿Vas al cine ahora?

Respuesta: Sí, voy. **Acabo** de estudiar las lecciones para mañana.

Pregunta:	¿Quiénes **acaban** de barrer el piso?
Respuesta:	Diana y Raúl **acaban** de barrer el piso. Ahora tienen que colgar su ropa.
Pregunta:	¿Qué **acaba** de hacer Fernando?
Respuesta:	Él **acaba** de planchar su camisa.
Pregunta:	¿Qué **acaban** de hacer ustedes?
Respuesta:	**Acabamos** de quitar el polvo.

Look at the different forms of **acabar** printed in heavy black letters.
Do you think **acabar** is a regular **-ar** verb or an irregular verb?

¡Vamos a practicar!

A. Eva has lost a shoe. One of her brothers or sisters has just swept the floor. She is trying to find out if the one who did it has seen her shoe.

Primero, lee la pregunta. Luego, usa el nombre entre paréntesis para contestar la pregunta. Sigue el modelo.

Modelo: Ramón, ¿acabas de barrer el piso?   (Lidia)
Respuesta: **No, no acabo de barrer el piso. Lidia acaba de barrer el piso.**

1. Lidia, ¿acabas de barrer el piso?   (Miguel)
2. Miguel, ¿acabas de barrer el piso?   (Sandra)
3. Sandra, ¿acabas de barrer el piso?   (Paula)
4. Paula, ¿acabas de barrer el piso?   (Sí)
    Sí, ——. ¡Aquí está tu zapato!

B. The Ríos family is watching television. Doña Sara wants to know when her grandchildren will do their chores.

Primero, lee la pregunta. Luego, contesta la pregunta con una forma de **acabar de.** Sigue el modelo.

Modelo: Javier, ¿cuándo vas a pasar la aspiradora?

Respuesta: Acabo de pasar la aspiradora, abuelita.

1. Virginia y Matilde, ¿cuándo van a barrer el piso?

2. Felicidad y Ramón, ¿cuándo van a recoger las cosas?

3. Gilberto, ¿cuándo vas a regar las plantas?

4. Adelita, ¿cuándo vas a colgar la ropa?

5. Diego y Luz, ¿cuándo van a lavar la ropa?

6. María, ¿cuándo vas a planchar la ropa?

C. Surprise! It's Sra. Luna's birthday and the family has decided to surprise her by cleaning the house. Sr. Luna is checking to make sure all the chores are done.

Primero, lee la pregunta. Luego, escribe la respuesta. Sigue el modelo.

Modelo: Paquito, ¿tienes que regar las plantas?

Respuesta: No, papá. Acabo de regar las plantas.

1. Luz y Óscar, ¿tienen que barrer las escaleras?

2. Rosita y Gladys, ¿tienen que quitar el polvo?

3. Manuel, ¿tienes que pasar la aspiradora?

4. Ema, ¿tienes que sacar la basura?

5. Reinaldo, ¿tú y yo tenemos que limpiar el piso?

6. Hijos, ¿tienen que recoger las cosas?

D. Federico helps to clean the house on Saturdays. His brother is checking on which chores he has completed and which ones he still needs to do.

Primero, lee la oración. Luego, escribe una oración con **acabar de** o **tener que.** Sigue los modelos.

Modelo:	El piso de la cocina está limpio.
Respuesta:	**Sí, acabo de barrer el piso.**

Modelo:	El piso del cuarto de baño está sucio.
Respuesta:	**Sí, tengo que barrer el piso.**

1. Hay mucho polvo en los muebles.

2. La ropa no está en el ropero.

3. La ropa en el ropero está limpia.

4. La ropa en el piso está sucia.

5. La alfombra de la sala está sucia.

6. No hay basura en la cocina.

7. Los platos están limpios.

8. Las alfombras de los dormitorios están sucias.

9. No hay polvo en el comedor.

10. Hay muchos libros, mucha ropa y otras cosas en el piso de tu dormitorio.

Making Connections

Study the pictures and sentences. Which word connects what you do with what you use?

Barro el patio **con** una escoba.

Plancho el vestido **con** una plancha.

Quito el polvo **con** un trapo.

The word **con** is a preposition that helps you connect one thing with another thing.

Practice reading some sentences with the preposition **con** in them.

Voy al cine **con** mis amigos.

Limpio el piso **con** el trapeador.

Escribo una carta **con** mi bolígrafo favorito.

¡Vamos a practicar!

A. While you are babysitting, little Adelita badgers you with questions. Be patient as you answer her questions.

Primero, lee la pregunta (**P**). Luego, completa la pregunta. Por último, escribe la respuesta (**R**). Sigue el modelo.

> **Modelo:** ¿Escribes —— una escoba?
>
> **Respuesta:** **P:** **¿Escribes con una escoba?**
>
> **R:** **No, escribo con un bolígrafo.**

1. ¿Lavas la ropa —— la secadora?
2. ¿Barres el piso —— un trapo?
3. ¿Tienes que recoger las cosas —— los pies?
4. ¿Quitas el polvo —— la ropa?
5. ¿Lees —— los brazos?
6. ¿Vas al cine —— tus libros?
7. ¿Planchas la ropa —— el trapeador?
8. ¿Vives —— tus profesores?

¿Con qué lavas los platos?

¡A conversar!

Una familia limpia la casa

MAMÁ: ¡Qué barbaridad! Tenemos que limpiar la casa.

PAPÁ: Yo tengo que lavar, secar y planchar la ropa.

HIJO: Yo acabo de limpiar el piso y pasar la aspiradora.

MAMÁ: Yo acabo de quitar el polvo. Tengo que sacar la basura. También tengo que regar las plantas.

PAPÁ: Y tú, hija, ¿qué tienes que hacer?

HIJA: Bueno, ¡yo tengo que inspeccionar la casa limpia!

Preguntas

1. ¿Quién tiene que lavar y planchar la ropa?

2. ¿Quién acaba de limpiar el piso?

3. ¿Quién va a regar las plantas?

4. ¿Quién acaba de pasar la aspiradora?

5. ¿Quién saca la basura?

6. ¿Qué tiene que hacer la hija?

¡Conversa tú!

1. ¿Cuándo tienes que limpiar tu casa?

2. ¿Tienes que recoger tus cosas cada día?

3. ¿Qué tienes que hacer por la tarde?

4. ¿Qué tienes que hacer los fines de semana?

5. ¿Te gusta más estudiar o limpiar la casa?

La cultura y tú

Vamos al lavadero

Maricarmen lava la ropa para toda su familia. En su casa hay un lavadero. El lavadero es un cuarto especial para lavar la ropa. Muchas personas tienen lavaderos modernos, pero el lavadero de Maricarmen es viejo.

Cada semana Maricarmen lava la ropa en una batea. No tiene una lavadora eléctrica.

Después de lavar la ropa, ella tiene que colgar las cosas fuera de la casa. No tiene una secadora eléctrica.

Maricarmen está en el lavadero. Ella lava la ropa en la batea. ¿Hay un lavadero en tu casa o tu apartamento? ¿Lavas la ropa en una batea o en una lavadora? ¿Cómo secas la ropa?

5

Panorama de vocabulario

¿Qué está sobre la mesa? _____

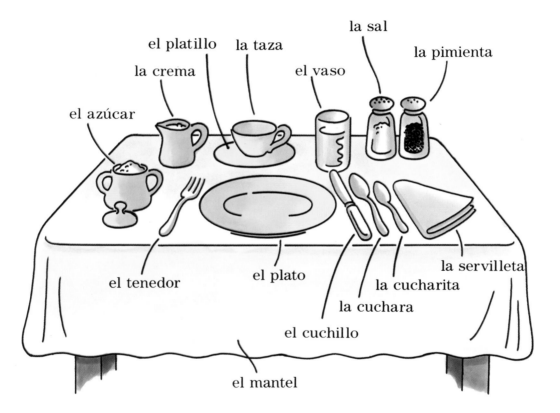

el azúcar

la crema

el platillo

la taza

el vaso

la sal

la pimienta

el tenedor

el plato

el cuchillo

la cuchara

la cucharita

la servilleta

el mantel

¿Cuáles son las frutas? _____

la manzana

la pera

las uvas

las cerezas

las fresas

la piña

el plátano

la sandía

la naranja

el limón

¡Aprende el vocabulario!

A. The Márquez family reunion is today. David and Luisa are in charge
of setting the table. How does Luisa answer David's questions?

Primero, mira el dibujo. Luego, contesta la pregunta **¿Qué está sobre la mesa?** Sigue el modelo.

Modelo:

Respuesta: **El mantel está sobre la mesa.**

1.

2.

3.

4.

5.

6.

7.

8.

9.

B. Eduardo Márquez is in charge of preparing big plates of fruit for the family reunion. He wants to put each kind of fruit on every plate. Tell him what he has to put on the plates.

Primero, mira el dibujo. Luego, completa la oración **Tienes que poner —— en el plato.** Sigue el modelo.

Modelo:

Respuesta: **Tienes que poner una pera en el plato.**

1.

4.

7.

2.

5.

8.

3.

6.

9.

C. The dishwasher is broken! Cecilia and Paco Márquez have to wash and dry all the dishes after the family reunion. You can help them by telling them what to do.

Primero, lee las frases. Luego, escribe una oración con las frases. Sigue el modelo.

Modelo: Cecilia / tener que lavar / 10 platos.
Respuesta: **Cecilia, tienes que lavar diez platos.**

1. Paco / tener que secar / 10 platos.
2. Cecilia / tener que lavar / 12 vasos.
3. Cecilia / tener que lavar / 10 cuchillos / 15 cucharas.
4. Paco / tener que secar / 5 tazas / 5 platillos.
5. Cecilia y Paco / tener que lavar y secar / 22 tenedores.

D. Miguel has taken his baby brother to the fruit market. Antonito wants to know the names of all the fruit. Help Miguel answer the questions.

Primero, lee la pregunta. Luego, contesta la pregunta con el nombre de una fruta. Sigue el modelo.

Modelo: ¿Qué es mediana y roja?
Respuesta: **La manzana es mediana y roja.**

1. ¿Qué es muy grande y verde?
2. ¿Qué es anaranjada?
3. ¿Qué es amarillo y largo?
4. ¿Qué son pequeñas y rojas?
5. ¿Qué son medianos y amarillos?

E. Imagine that you're going on a hike. You want to take along a snack of your favorite fruit. Write yourself a reminder of at least seven items you should take.

Escribe una nota sobre siete cosas. Primero, lee el modelo.

Modelo: Voy a caminar. Tengo un mantel, un plato, una servilleta, trece uvas, dos manzanas, ocho fresas y una naranja.

F. Take a survey of the class to find out which fruit is the favorite.

Pregunta a diez compañeros de clase **¿Cuál es tu fruta favorita?** Escribe las respuestas. Lee el modelo.

Modelo: TÚ: ¿Cuál es tu fruta favorita?

JULIA: Mi fruta favorita es la piña.

Respuesta: 1. La fruta favorita de Julia es la piña.

Aquí hay muchas naranjas. Las naranjas son dulces y jugosas. ¿Son populares las naranjas en tu clase?

Los sonidos del idioma

Las consonantes: La **s** y la **z**

Escucha y repite. Compara la **s** y la **z**.

sala	escala	zapato	almorzar
semana	basta	zoológico	marzo
silla	Susana	zorra	azul

1. Vendo sesenta camisas todos los meses.
2. Zoraida busca diez zapatos azules.
3. El pastel de cerezas tiene dos tazas de azúcar.
4. Susana sube las escaleras para almorzar con la zorra.

Hay muchas frutas aquí. ¿Qué frutas hay?

Talking about Things You Do

Study the picnic scene and read the sentences below it.

1. Yo **pongo** el mantel en la mesa.
2. ¿**Pones** los platos en las sillas?
3. Pepe **pone** los vasos en una mesa.
4. Nosotras **ponemos** las frutas en los platos.
5. Ellos **ponen** una mesa cerca del árbol.

All the verbs in the sentences come from the infinitive **poner.** Look at the different forms. Is **poner** a regular verb or an irregular verb?

Almost all the endings of **poner** are like the endings of regular **-er** verbs. What is different about the ending of the **yo** form of **poner**? Look at the chart to find the answer.

Poner

Singular		Plural	
yo	**pongo**	nosotros, nosotras	ponemos
tú	pones	vosotros, vosotras	ponéis
él ella usted	pone	ellos ellas ustedes	ponen

¿Qué hacen las muchachas?

Another verb that is different in the **yo** form is **traer.** Read the following questions and answers about what people are bringing to the class party. See if you can spot the form that is different.

¿Qué **traes** tú a la fiesta?

Traigo manzanas y fresas.

¿Qué **traen** ustedes?

Traemos una sandía grande.

¿Qué **trae** Luisa?

Trae las servilletas.

¿Qué **traen** Samuel y Carlos?

Traen los platos y los tenedores.

Now read the chart of the verb **traer.**

Traer

Singular		Plural	
yo	**traigo**	nosotros, nosotras	traemos
tú	traes	vosotros, vosotras	traéis
él ella usted	trae	ellos ellas ustedes	traen

Compare the charts of **poner** and **traer.** How is the **yo** form alike for these two verbs? Why do you think **poner** and **traer** are sometimes called **-go** verbs?

¡Vamos a practicar!

A. Imagine that your Spanish club is sponsoring a banquet. Everyone is doing something, but who is setting the table? Try to find out.

¿Quién pone la mesa? Primero, haz la pregunta. Luego, mira el dibujo y contesta la pregunta. Sigue el modelo.

Modelo:  Ricardo y Juan

Respuesta: P: **Ricardo y Juan, ¿ustedes ponen la mesa?**

R: **No, nosotros ponemos la sandía en una silla.**

1. María

3. Iris y Diego

5. Sra. Luna

2. Sr. Carvajal

4. Pancho

6. Tú y yo

B. Imagine that all your friends are practical jokers. You can never be sure where they will put things next. Sometimes you can catch them in the act! How do they answer your questions?

Primero, lee la pregunta. Luego, lee las palabras entre paréntesis. Por último, escribe la respuesta. Sigue el modelo.

Modelo: Julia, ¿qué pones en mi taza?
(pimienta)
Respuesta: Pongo pimienta en tu taza.

1. Samuel y Olga, ¿qué ponen en mi silla?
(unas fresas)

2. Guillermo, ¿qué pone Daniela en mi ropero?
(una sandía)

3. Angelina, ¿qué pone Francisco detrás de mi cama?
(unos ratones)

4. Eduardo, ¿qué pones dentro de mi tocador?
(unas uvas)

5. Celia, ¿qué ponen Judit y Luis en mi sombrero?
(crema)

6. Víctor y Catalina, ¿qué ponen en mi vaso?
(sal)

C. Fernando's big sister Teresa is having a barbecue. All the guests are bringing something to share.

Primero, lee la pregunta. Luego, mira el dibujo y contesta la pregunta. Sigue el modelo.

Modelo: ¿Qué trae usted, Sra. García?

Respuesta: **Traigo unas fresas.**

1. ¿Qué traen ustedes, Arturo y Ángel?

2. ¿Qué traes, Elisa?

3. ¿Qué traen tus hermanos, Marcos?

4. ¿Qué trae tu papá, Mercedes?

D. Imagine that you are in charge of planning a big party. You must decide which of your classmates will bring things and which will put them where they belong. First, make some lists.

Escribe cinco oraciones con **traer.** Luego, escribe cinco oraciones con **poner.** Primero, lee los ejemplos.

1. Luisa trae veinte servilletas.
2. Gabriel y Manuel traen las frutas.

   etcétera

1. Pepe pone las servilletas en la mesa.
2. Berta y Amalia ponen las frutas en los platos.

   etcétera

¡A divertirnos!

Unas adivinanzas

Lee las adivinanzas y adivina las respuestas.

Oro no es.
Plata no es.
Mira lo que tienes y
adivina lo que es.

Blanca por dentro,
verde por fuera.
Si no adivinas,
espera.

Using Prepositions to Describe Location

Study the pictures and read the sentences. Which word tells you that something is on top of something else? Which words tell you that something is under something else?

La sandía está **sobre** la mesa.

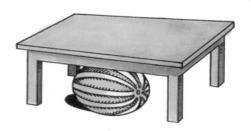

La sandía está **debajo de** la mesa.

Juan pone el vaso **sobre** el televisor.

Ahora pone el vaso **debajo del** televisor.

What kind of words are **sobre** and **debajo de**?
What happens when the word **el** follows **debajo de**?

¡Vamos a practicar!

A. Your three wild cousins have just left after a visit. The whole house is a mess! Where is everything?

Primero, mira el dibujo. Luego, contesta la pregunta **¿Dónde está?** o **¿Dónde están?** Sigue el modelo.

Modelo:

Respuesta: Los platos sucios están debajo de la cama.

1.

4.

7.

2.

5.

8.

3.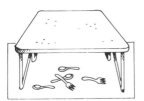

6.

9.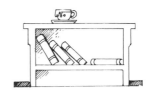

Vamos a leer

Las frutas tropicales

En los países tropicales, hace calor y llueve mucho. Las temperaturas no cambian mucho de una estación a otra. En esas regiones tropicales hay muchas frutas exóticas y deliciosas.

El clima en muchos países de habla española es perfecto para las frutas tropicales. De esos países recibimos frutas como las papayas, los zapotes, las piñas, las granadillas, las guayabas y los mangos.

Mira las fotos de algunas frutas tropicales. Posiblemente algún día vas a tener la oportunidad de comer estas frutas tropicales.

Costa Rica. Esta fruta es la granadilla.

Guatemala. Los mangos son jugosos y deliciosos.

México. El zapote negro tiene carne negra por dentro.

La cultura y tú

Una fruta popular

El plátano es una fruta de los países de la América Latina. Las personas de los países latinos comen muchos plátanos. En los Estados Unidos, nosotros comemos plátanos de Costa Rica, Honduras, Guatemala, la República Dominicana y de muchos otros países.

Estos plátanos están en Costa Rica. El plástico es para la protección contra el viento y los insectos. ¿De qué color son estos plátanos?

Generalmente, los plátanos son amarillos cuando llegan a las tiendas en los Estados Unidos.

Este plátano viene de Costa Rica. Es dulce y delicioso. ¿Tienes hambre?

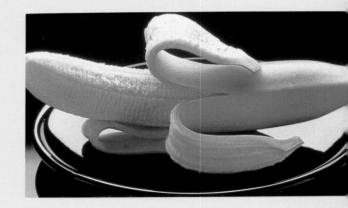

Unidad

6

Panorama de vocabulario

¿Qué quieres para el desayuno? _____

los huevos fritos

los huevos revueltos

los huevos pasados
por agua

la leche

el cereal

la avena

la toronja

el chocolate

el pan tostado

la margarina

la mermelada

el té

el jugo

el café

tomar
(el desayuno)

querer

¡Aprende el vocabulario!

A. Sarita and a group of friends are having breakfast in a restaurant. Sarita is not sure what to order. She wants to know what her friends are going to eat.

Primero, mira el dibujo. Luego, contesta la pregunta ¿**Qué vas a comer?** Sigue el modelo.

Modelo:

Respuesta: Voy a comer pan tostado, mermelada y jugo.

1.

2.

3.

4.

5.

6.

B. Imagine that the manager of the school cafeteria is taking a survey. He wants to know what people eat for breakfast.

Primero, lee las palabras. Luego, escribe una oración con **siempre, a veces** o **nunca.** Sigue los modelos.

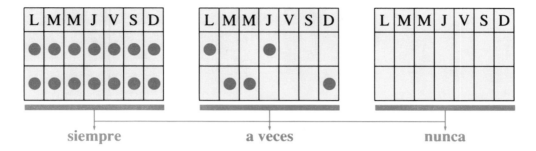

| siempre | a veces | nunca |

Modelo: la leche
Respuesta: **A veces bebo leche para el desayuno.**

Modelo: los huevos fritos
Respuesta: **Siempre como huevos fritos para el desayuno.**

1. el jugo
2. el cereal
3. los huevos pasados por agua

4. el café
5. la toronja
6. la leche

7. el pan tostado
8. el chocolate
9. los huevos revueltos

¿Qué hay en este desayuno? ¿Comes tú huevos revueltos y pan tostado cada mañana?

C. Tío Rogelio is visiting the López family. He has offered to make breakfast all week. He even posted a schedule for the family to follow. How do María and Juan López answer your questions?

Primero, lee la pregunta. Luego, mira el calendario y contesta la pregunta. Sigue el modelo.

lunes	martes	miércoles	jueves	viernes	sábado	domingo
6:30 a.m.	7:15 a.m.	6:30 a.m.	7:45 a.m.	7:00 a.m.	8:30 a.m.	9:00 a.m.
jugo de naranja y cereal	huevos fritos y toronja	pan tostado y leche	huevos revueltos y jugo de manzana	chocolate y avena	pan tostado, huevos fritos y leche	toronja, pan tostado, mermelada y huevos pasados por agua

Modelo: ¿Qué comen el jueves?

Respuesta: **Comemos huevos revueltos y jugo de manzana.**

1. ¿Qué comen el lunes?
2. ¿Qué comen el viernes?
3. ¿Qué comen el domingo?
4. ¿Qué comen el miércoles?
5. ¿Qué comen el sábado?
6. ¿Qué comen el martes?

Los sonidos del idioma

Las consonantes: La c

Escucha y repite.

cereza	ciencias
centro	cine
trece	difícil
veces	tocino

1. A veces Cecilia va al cine.
2. La cena es a las cinco, el trece de diciembre.
3. Berenice, la cebra, estudia las ciencias en silencio.
4. Es difícil nadar el Océano Pacífico.

¿Comes avena en el desayuno?

¿Quieres tomar este desayuno?

Talking about What You Want

Study the sentences below the pictures. They all have a form of the verb **querer** in them.

Singular   Plural

Quiero un jugo, por favor.

Queremos dos jugos, por favor.

¿No **quieres** el cereal?

Ella **quiere** avena.

Ellos **quieren** huevos revueltos.

Study the chart of the verb **querer.** How is the **nosotros** form different from the forms for **yo, ella,** and **ustedes**?

Querer

Singular		Plural	
yo	quiero	nosotros, nosotras	queremos
tú	quieres	vosotros, vosotras	queréis
él ella usted	quiere	ellos ellas ustedes	quieren

Practice reading the following questions and answers:

Pregunta: ¿Qué **quieren** comer?
Respuesta: **Queremos** pan tostado con mermelada.

Pregunta: ¿**Quieres** leche o jugo de toronja?
Respuesta: ¡Uf! **Quiero** leche, por favor.

Pregunta: ¿Cómo **quiere** los huevos tu mamá?
Respuesta: Ella **quiere** los huevos fritos.

Pregunta: ¿Qué **quieren** hacer Guillermo y Gilberto?
Respuesta: Ellos siempre **quieren** leer.

Pregunta: Sr. Fonseca, ¿**quiere** usted una manzana?
Respuesta: Gracias, no. No **quiero** una manzana. Acabo de comer.

¡Vamos a practicar!

A. Imagine that your mother is taking care of the neighbor's three-year-old daughter for the morning. Only you can understand the little girl when she talks. What does she want?

Primero, lee la oración. Luego, forma otra oración. Sigue el modelo.

Modelo: Quiero chocolate.

Respuesta: Mamá, ella quiere chocolate.

1. Quiero pan tostado.

2. Quiero huevos fritos.

3. Quiero avena.

4. Quiero jugo de manzana.

B. The soccer team is having breakfast at your house before practice. Find out what everyone wants to eat.

Primero, lee la pregunta y las palabras entre paréntesis. Luego, contesta la pregunta. Sigue el modelo.

Modelo: Ramona y Carmen, ¿qué quieren ustedes?

(huevos revueltos)

Respuesta: Nosotras queremos huevos revueltos, por favor.

1. José, ¿qué quieres?   (pan tostado)

2. Pedro y Yolanda, ¿qué quieren ustedes?   (toronja y huevos pasados por agua)

3. Gloria, ¿qué quiere Bárbara?   (jugo de naranja)

4. Manuel, ¿qué quieren Minerva y Mónica?   (avena)

C. At Camp Montezuma, campers can choose what they want to do on Friday afternoons. It's your job to make a list of what the campers want.

Primero, lee las palabras. Luego, escribe una oración. Sigue el modelo.

Modelo: Raúl y Horacio / nadar

Respuesta: Raúl y Horacio quieren nadar.

1. Olga y Carlos / cocinar.
2. Tú / escribir cartas.
3. Miguel y yo / caminar.

4. Susana / leer.
5. Ricardo / pintar cuadros.
6. Sra. Ortiz y yo / correr.

D. Take a breakfast survey of your classmates.

Primero, escoge a cuatro compañeros. Haz la pregunta **¿Qué quieres para el desayuno?** Luego, escribe las respuestas. Sigue el modelo.

Modelo:

TÚ: Linda, ¿qué quieres para el desayuno?

LINDA: Yo quiero huevos revueltos, leche y jugo.

TÚ: Marcos, ¿qué quieres para el desayuno?

MARCOS: Yo quiero avena y leche.

etcétera

Linda quiere jugo. Linda y Marcos quieren leche. Linda quiere huevos revueltos. Marcos quiere avena con leche. (Etcétera.)

Talking about Possessions

Study the words below the pictures.

mi radio   **mis** radios   **nuestro** radio   **nuestros** radios

mi escoba   **mis** escobas   **nuestra** escoba   **nuestras** escobas

The words in heavy black letters are called possessive adjectives.

How does the word **mi** change when it comes before a plural word?

How does the word **nuestro** change when it comes before a plural word?

Study the chart below.

Possessive Adjectives

Singular	Plural	Singular	Plural
mi	mis	nuestro	nuestros
		nuestra	nuestras
tu	tus	vuestro	vuestros
		vuestra	vuestras
su	sus	su	sus

Which possessive adjective would you use with the noun **televisor**—**nuestro** or **nuestra**? Is **televisor** masculine or feminine? Is **televisor** singular or plural?

Which possessive adjective would you use with the noun **camas**—**nuestros** or **nuestras**? Is the word **camas** masculine or feminine? Is it singular or plural?

Remember the word **vosotros**? What do you think someone in Spain would say to a group of friends?

Sus abrigos son bonitos.   **Vuestros** abrigos son bonitos.

Practice reading the following pairs of sentences:

Yo tengo un cartel bonito.	**Mi** cartel es bonito.
Yo tengo dos tazas de chocolate.	Son **mis** tazas.
Tú tienes una hermana.	**Tu** hermana es alta.
Tú tienes dos relojes.	**Tus** relojes son grandes.
Usted tiene una casa grande.	**Su** casa está lejos del cine.
Ella tiene tres libros.	**Sus** libros son interesantes.
Él tiene muchas manzanas.	**Sus** manzanas son deliciosas.
Ellos tienen un apartamento.	**Su** apartamento tiene siete cuartos.
Nosotros tenemos un patio.	**Nuestro** patio es largo.
Nosotros tenemos cuatro piñas.	**Nuestras** piñas son de Colombia.

How observant are you?

Find an example of a singular feminine noun. What is the possessive adjective with that noun?

Find an example of a plural masculine noun. What is the possessive adjective with that noun?

Find an example of a plural feminine noun. What is the possessive adjective with that noun?

Find an example of a singular masculine noun. What is the possessive adjective with that noun?

¡Vamos a practicar!

A. Sra. Gómez has bought many new things for her house. She takes such good care of her home, you can't tell what is new and what is old. What do you ask her? How does she answer?

Primero, lee la pregunta y la palabra entre paréntesis. Luego, completa la pregunta. Por último, contesta la pregunta. Sigue los modelos.

> **Modelo:** ¿Es vieja —— batidora? (no)
>
> **Respuesta:** P: **¿Es vieja su batidora?**
>
> R: **No, mi batidora no es vieja.**

> **Modelo:** ¿Son nuevos —— carteles? (sí)
>
> **Respuesta:** P: **¿Son nuevos sus carteles?**
>
> R: **Sí, mis carteles son nuevos.**

1. ¿Es nuevo —— refrigerador? (sí)
2. ¿Son viejas —— cortinas? (no)
3. ¿Es nuevo —— sofá? (no)
4. ¿Son nuevos —— estantes? (sí)
5. ¿Son viejos —— sillones? (no)
6. ¿Es nueva —— licuadora? (no)

¿Es nuevo el pupitre del muchacho?

B. Now the Gómez twins are showing you some of their things.

Primero, lee la pregunta y la palabra entre paréntesis. Luego, completa la pregunta. Por último, contesta la pregunta. Sigue el modelo.

Modelo: ¿Son nuevos —— radios? (no)

Respuesta: **P: ¿Son nuevos sus radios?**

R: No, nuestros radios no son nuevos.

1. ¿Es viejo —— espejo? (sí)   **4.** ¿Es viejo —— televisor? (no)

2. ¿Son nuevas —— camas? (sí)   **5.** ¿Es nuevo —— teléfono? (no)

3. ¿Es nueva —— alfombra? (no)   **6.** ¿Son viejas —— sillas? (no)

C. Sr. Gómez calls his brother in Mexico to tell him about the home improvements he and his family have made.

Primero, lee la oración. Luego, escribe una nueva oración con **nuestro, nuestra, nuestros** o **nuestras.** Sigue el modelo.

Modelo: Tenemos una alfombra roja.

Respuesta: **Nuestra alfombra es roja.**

1. Tenemos un sofá gris.   **4.** Tenemos dos mesas grandes.

2. Tenemos cortinas blancas.   **5.** Tenemos una estufa amarilla.

3. Tenemos un televisor nuevo.   **6.** Tenemos muebles nuevos.

D. Imagine that you have received a questionnaire from a local
    department store. The managers are taking a survey to find out what
    people may need to buy in the near future.

Primero, lee las preguntas. Luego, contesta las preguntas
en tus palabras.

Un cuestionario

1. ¿Son nuevos o viejos sus
    muebles?

2. ¿Es viejo su televisor?

3. ¿Son nuevas o viejas sus
    camas?

4. ¿Es nueva su alfombra?

5. ¿Es nuevo o viejo su horno?

6. ¿Son viejas sus lámparas?

7. ¿Cómo son sus espejos?

8. ¿Cómo son sus cortinas?

9. ¿Cómo es su refrigerador?

10. ¿Cómo son sus radios?

¡A divertirnos!

● ●

¿Cuál es su desayuno?

Mira a cada persona y sigue la línea a su desayuno. ¿Qué toma cada
persona?

¡A conversar!

David y Hugo toman el desayuno

DAVID: Buenos días, Hugo. ¿Qué quieres tomar para el desayuno?

HUGO: Buenos días, David. ¿Qué vas a tomar tú?

DAVID: ¿Yo? Siempre tomo huevos fritos, pan tostado, cereal con leche y jugo de naranja. ¿Qué tomas en México por la mañana?

HUGO: A veces como tortillas con frijoles. Generalmente tomo un pan dulce y una taza de chocolate bien caliente.

DAVID: ¿Es todo?

HUGO: Sí, cómo no.

DAVID: ¡Caramba! Tu desayuno es como la dieta de mi mamá.

Preguntas

1. ¿Qué va a tomar David para el desayuno?

2. ¿Qué come Hugo a veces?

3. Generalmente, ¿qué toma él?

4. ¿A David le gusta el desayuno de Hugo?

5. ¿De dónde es Hugo?

¡Conversa tú!

1. ¿Tomas un desayuno grande o pequeño?

2. ¿Cuál es tu jugo favorito?

3. ¿Tomas leche o chocolate por la mañana?

4. ¿Te gusta el pan tostado con margarina o mermelada?

5. ¿Cómo te gustan los huevos, fritos, revueltos o pasados por agua?

La cultura y tú

Un desayuno típico de España

En España, las personas no toman un desayuno grande. Sólo comen pan con mantequilla o jalea. Muchas personas toman jugo. También toman café con leche, té o chocolate.

Mira la fotografía del desayuno español. ¿Te gusta este desayuno? ¿Qué te gusta tomar en el desayuno?

Segundo repaso

A. Una conversación entre amigos _____

RUBÉN: ¡Buenos días, Rita! ¿Qué haces?

RITA: ¡Hola, Rubén! Acabo de poner la mesa. ¿Quieres tomar el desayuno?

RUBÉN: No, gracias. Acabo de comer huevos fritos, avena y un plátano.

RITA: Es un desayuno grande, ¿no?

RUBÉN: Sí, es. Hoy tengo que limpiar el garaje. ¿Qué traes a la mesa?

RITA: Es mermelada de fresas para el pan tostado. ¿Quieres pan?

RUBÉN: No, gracias. ¡Ah, toronjas!

RITA: Son muy deliciosas. ¿Quieres una?

RUBÉN: No, gracias. Tengo que limpiar el garaje ahora mismo.

RITA: Es cierto. El garaje está muy sucio.

RUBÉN: Rita, tienes que poner un plato más.

RITA: ¿Por qué?

RUBÉN: Porque ahora sí tengo hambre.

Preguntas

1. ¿Qué acaba de hacer Rita?
2. ¿Qué tiene que hacer Rubén?
3. ¿Qué acaba de comer Rubén?
4. ¿Qué va a comer Rita?
5. ¿Qué hace Rubén, come o limpia el garaje?

B. Dos amigos cómicos

A. Imagine that you and your friend played a practical joke that backfired. Now you have to stay after school and face the consequences. Of course, your classmates can't resist the chance to tease you.

Primero, lee la pregunta. Luego, lee las frases entre paréntesis. Por último, escribe una oración. Sigue el modelo.

Modelo: ¿Quieren mirar la televisión?
(lavar las ventanas)

Respuesta: **Sí, queremos, pero tenemos que lavar las ventanas.**

1. ¿Quieren ir al cine?
   (barrer el piso)

2. ¿Quieres comer?
   (sacar la basura)

3. ¿Tu amigo quiere comer?
   (quitar el polvo)

4. ¿Quieres ir a la tienda?
   (recoger los libros)

5. ¿Quieren bailar con nosotros?
   (limpiar los pupitres)

6. ¿Tu amigo quiere patinar?
   (colgar los abrigos)

B. At last! You have finished. Now you must report to Sra. Estricta, the vice principal.

Escribe seis oraciones con **acabar de.** Usa las frases entre paréntesis de la parte A. Sigue el modelo.

Modelo: (lavar las ventanas)
Respuesta: **Señora, acabamos de lavar las ventanas.**

C. ¿Cómo contestas tú?

Sr. Larganariz is a reporter for the newspaper **El Preguntón Nacional.** He is convinced that the young people of today are too soft. Can you prove him wrong? Give examples of what you and your friends do.

Primero, lee las preguntas. Luego responde a las preguntas en tus palabras.

1. Los fines de semana, los jóvenes miran la televisión todo el tiempo, ¿verdad?
2. Los jóvenes nunca quieren recoger sus cosas. Sus dormitorios siempre están sucios, ¿no?
3. Los jóvenes no tienen que poner la mesa. Sus mamás siempre ponen la mesa, ¿no es cierto?
4. Hoy en día los alumnos no leen libros buenos, ¿verdad?
5. Los jóvenes nunca comen bien. Por ejemplo, nunca toman el desayuno, ¿verdad?
6. Los jóvenes de hoy no aprenden a lavar y planchar su ropa, ¿no?
7. Todos los jóvenes son muy débiles, ¿verdad? No quieren practicar los deportes.
8. Los jóvenes no hacen nada en casa, ¿no? No sacan la basura. No pasan la aspiradora. Tampoco quitan el polvo de los muebles.

¿Qué hace esta muchacha?

¿Qué hace este muchacho?

¿Tiene razón el Sr. Larganariz?

CH. En el correo _____

Imagine that you are going to visit Javier in Panamá. He only has a week to get ready for your visit. Read his letter to find out about what he's doing.

Primero, lee la carta de Javier. Luego, contesta las preguntas.

12 de diciembre

¡Hola, amigo!

En una semana tú vas a visitar a mi familia. Mi hermana, mis padres, mi abuelita y yo vivimos juntos en nuestra casa. ¿Quién vive en tu casa?

Antes de tu visita, tengo que limpiar mi cuarto. Tengo que recoger mis cosas y colgar toda mi ropa. (¡A veces pongo las cosas debajo de mi cama!) ¿Dónde pones tú las cosas en tu cuarto?

Por la noche tengo que poner la mesa. ¿Pones tú la mesa en tu casa? Los lunes y los miércoles mi hermana lava los platos. Los martes, los jueves, los viernes y los fines de semana, yo tengo que lavar los platos. ¡Qué lata!

¿Qué quieres comer durante tu visita? ¿Tomas el desayuno? ¿Quieres comer frutas tropicales? Tenemos muchas frutas deliciosas en Panamá. ¿Qué frutas tienes en tu país?

¡Hasta pronto!

Javier

Panorama de vocabulario

¿Qué quieres para el almuerzo? _____

el pollo   las papas   la ensalada

el pan   las legumbres   la hamburguesa

el sándwich   el queso

¿Qué quieres para la cena? _____

el jamón   los guisantes   los espaguetis con albóndigas   el pescado

el maíz   la carne   el pavo   la sopa

el arroz   las zanahorias   el helado   la gelatina

¡Aprende el vocabulario!

A. Imagine that you and your friends are visiting Sra. Villegas in Caracas, Venezuela. She wants to know what everyone wants to eat for lunch.

Primero, mira el dibujo y lee la pregunta. Luego, contesta la pregunta con **sí** o **no.** Sigue el modelo.

Modelo: Diego, ¿quieres ? (sí)

Respuesta: **Diego, ¿quieres pollo?**
Sí, quiero pollo.

1. Rita, ¿quieres y ? (no)

2. Gerardo, ¿quieres ? (sí)

3. Susana, ¿quieres ? (sí)

4. Luis, ¿quieres y ? (no)

5. Teresa, ¿quieres y ? (sí)

B. You are babysitting little Claudia. At dinnertime, she would rather watch TV than eat. How does she answer your questions?

Primero, mira el dibujo y haz la pregunta **¿Quieres ——— para la cena?** Luego, contesta la pregunta. Sigue el modelo.

Modelo:

Respuesta: **¿Quieres jamón para la cena?**
¡No! No quiero jamón.

1.

2.

3.

4.

5.

6.

7.

8.

9.

C. One lazy afternoon, you are walking around the shopping mall. A researcher from Acme Fast Foods asks you to participate in an opinion poll.

Lee y contesta las preguntas. Escribe tus respuestas. Sigue el modelo.

Modelo: ¿Qué te gusta más, el pollo o el jamón?

Respuesta: Me gusta más el pollo. [Me gusta más el jamón.]

1. ¿Qué te gustan más, los guisantes o las zanahorias?
2. ¿Qué te gustan más, las papas o el arroz?
3. ¿Qué te gusta más, la hamburguesa o el pavo?
4. ¿Qué te gusta más, la ensalada o el queso?
5. ¿Qué te gusta más, el pescado o los espaguetis con albóndigas?
6. ¿Qué te gusta más, el helado o la gelatina?

D. Imagine that you had made a bargain with your parents. If you kept your room spotlessly clean for a whole week, you could plan the dinners for the coming week. You have won! Whatever you choose, the family will have to eat!

Escribe una lista de las cenas para una semana. Lee el modelo.

Modelo: Domingo: leche, una ensalada, espaguetis con albóndigas, pan con margarina y gelatina de fresas.

1. Lunes:
2. Martes:
3. Miércoles:

4. Jueves:
5. Viernes:
6. Sábado:

Los sonidos del idioma

Las consonantes: La **c**

Escucha y repite.

cabeza	cosa	cuchara
carro	color	cuchillo
vaca	rico	cincuenta
buscar	miércoles	disculpa

1. Carlos come su comida con la cuchara plástica.
2. Tu cumpleaños es el cuatro de octubre.
3. ¿De qué color son la cuchara y el cuchillo?
4. La vaca de Cúcuta corre a Cuzco el miércoles.

¿Qué comen las muchachas?

¿Qué come la muchacha?
¿Almuerzas tú en casa o en la escuela?

Using Special Verbs

All the sentences below use the verb **almorzar.** The endings are like those for regular **-ar** verbs. Read the sentences to see if you can tell why **almorzar** is different from regular **-ar** verbs.

Singular	Plural

Yo **almuerzo** al mediodía.

Nosotros **almorzamos** a la una.

¿**Almuerzas** tú a las once?

Ella **almuerza** temprano.

Ellos **almuerzan** tarde.

Words like **caminar, bailar, cantar,** and **almorzar** are infinitives. The letters **-ar** are the infinitive endings. The letters that come before **-ar** form the stem.

Stem		Infinitive	Stem		Infinitive
camin	+	ar	bail	+	ar
cant	+	ar	almorz	+	ar

What happens to the stem of **almorzar** when you add the regular **-ar** verb endings? Compare the following sentences:

Camino al cine.

Ella **canta** para nosotros.

Julio **baila** en la escuela.

Ellos **pintan** mucho.

Almuerzo en casa.

Él **almuerza** con nosotros.

Rita **almuerza** al mediodía.

Ellas **almuerzan** temprano.

Why do you think **almorzar** is called a stem-changing verb?

What letter in the stem changes?

How does it change?

Stem-changing verbs can also end in **-er** and **-ir.** You will learn more stem-changing verbs as you continue your study of Spanish. Look at the charts of some stem-changing verbs on the next page. One of them does not end in **-ar.** Which one is it?

Singular

	almorzar	probar	poder
yo	alm**ue**rzo	pr**ue**bo	p**ue**do
tú	alm**ue**rzas	pr**ue**bas	p**ue**des
él ella usted	alm**ue**rza	pr**ue**ba	p**ue**de

Plural

	almorzar	probar	poder
nosotros, nosotras	almorzamos	probamos	podemos
vosotros, vosotras	almorzáis	probáis	podéis
ellos ellas ustedes	alm**ue**rzan	pr**ue**ban	p**ue**den

Practice reading some questions and answers that have stem-changing verbs. Try to guess the meanings of **probar** and **poder** from context.

Pregunta:	¿**Puedes** correr en el gimnasio?
Respuesta:	No, hoy no **puedo** correr. Me duelen los pies.
Pregunta:	¿**Prueban** ustedes la gelatina de fresas con pescado?
Respuesta:	¡No! No **probamos** la gelatina con pescado.

Pregunta:	¿A qué hora **almuerzan** Emilio y Humberto?
Respuesta:	Ellos siempre **almuerzan** a las doce y media.
Pregunta:	¿Cuándo **almorzamos** hoy?
Respuesta:	**Almorzamos** al mediodía.
Pregunta:	¿No **pueden** comer más carne?
Respuesta:	No, gracias. No **podemos** comer más.
Pregunta:	¿Quieres **probar** el pollo frito?
Respuesta:	Sí, **pruebo** todo. ¡Me gusta comer!

¡Vamos a practicar!

A. On Saturdays, your friends are pretty busy. It's hard to get them all together for lunch because they all eat at different times. Find out who eats lunch at noon.

Primero, lee y completa la pregunta. Luego, contesta la pregunta con **sí** o **no.** Sigue el modelo.

Modelo: Rita, ¿—— tú al mediodía? (no)

Respuesta: P: **Rita, ¿almuerzas tú al mediodía?**

R: **No, no almuerzo al mediodía.**

1. Alberto, ¿—— tú al mediodía? (no)

2. Luis y Ana, ¿—— ustedes al mediodía? (sí)

3. Ema, ¿—— tú al mediodía? (sí)

4. Srta. Ortiz, ¿—— usted al mediodía? (no)

5. Víctor y Lidia, ¿—— ustedes al mediodía? (no)

6. Inés y Julia, ¿—— ustedes al mediodía? (sí)

B. Sr. Futuro is always experimenting in the kitchen. He has prepared a
    table full of exotic (and strange!) dishes. He wants to know what dishes
    people are trying.

    Primero, lee y completa la pregunta. Luego, contesta la
    pregunta con **sí** o **no**. Sigue el modelo.

    Modelo: Diego, ¿—— el sándwich de arroz?   (sí)

    Respuesta: P: **Diego, ¿pruebas el sándwich de arroz?**

    R: **Sí, pruebo el sándwich de arroz.**

1. Teresa y Celia, ¿—— la ensalada de pescado y queso?   (no)
2. Eduardo y Javier, ¿—— la sopa de hamburguesa?   (sí)
3. Sra. Villa, ¿—— usted el jugo de papas?   (no)
4. Sr. Núñez y Gerardo, ¿—— la gelatina de pavo?   (sí)

C. Imagine that you're in charge of organizing the school carnival. You
    need to find out what people can do before you assign them a task.
    How do they answer your questions?

    Primero, lee la pregunta. Luego, forma la respuesta con las
    palabras entre paréntesis. Sigue el modelo.

    Modelo: Elena y Rodrigo, ¿qué pueden hacer?

    (cocinar hamburguesas)

    Respuesta: **Podemos cocinar hamburguesas.**

1. Margarita, ¿qué puedes hacer? (traer un mantel y las servilletas)

2. Ramón, ¿qué puede hacer Hortensia? (cantar y bailar)

3. Susana y Guillermo, ¿qué pueden hacer? (limpiar el gimnasio)

4. Jaime y Gregorio, ¿qué pueden hacer? (lavar los platos)

5. Sr. Olvida, ¿qué pueden hacer usted y Alma? (recoger las cosas)

6. Carmencita, ¿qué puedes hacer? (secar los platos)

D. People ask some silly questions sometimes. Think of five silly questions to ask your classmates.

Primero, escribe cinco preguntas. Luego, escoge a cinco compañeros de clase. Haz las preguntas a tus compañeros. Por último, escribe las respuestas. Lee el modelo y la lista de preguntas.

Modelo:	TÚ:	¿Puedes caminar en la nariz?
	TONI:	No, no puedo caminar en la nariz.
Respuesta:	1.	**Toni no puede caminar en la nariz.**

¿Pueden comer el pupitre?

¿Pueden ustedes almorzar en el techo?

¿Puedes poner cincuenta platos en la cabeza?

¿Pueden traer un tigre a la escuela?

Talking about Likes and Dislikes

You already know how to talk about some likes and dislikes by using the verb **gustar.** Read the following sentences. What form of **gustar** do you use when a person likes one thing? What form do you use when a person likes more than one thing?

¿**Te gusta** el maíz?	Sí, **me gusta** el maíz.
¿**Te gustan** los sándwiches?	No, no **me gustan** los sándwiches.
¿A Marina **le gusta** el pescado?	Sí, a ella **le gusta** el pescado.
¿A ella **le gustan** las papas?	No, no **le gustan** las papas.

Now study the sentences below the pictures. How do you say that you and your friend like one thing? How do you say that you and your friend like more than one thing?

Nos gusta la ensalada.

Nos gustan las legumbres.

Now read the sentences below the next two pictures. How do you say that two or more people like something? How do you say that they like more than one thing?

Les gusta el queso.

Les gustan las papas fritas.

Study the following chart. What words can you add to emphasize that you like something? What words can you add to emphasize that other people like something?

(yo)	**a mí** me gusta	**a mí** me gustan
(tú)	**a ti** te gusta	**a ti** te gustan
(él)	**a él** le gusta	**a él** le gustan
(ella)	**a ella** le gusta	**a ella** le gustan
(usted)	**a usted** le gusta	**a usted** le gustan
(nosotros)	**a nosotros** nos gusta	**a nosotros** nos gustan
(nosotras)	**a nosotras** nos gusta	**a nosotras** nos gustan
(ellos)	**a ellos** les gusta	**a ellos** les gustan
(ellas)	**a ellas** les gusta	**a ellas** les gustan
(ustedes)	**a ustedes** les gusta	**a ustedes** les gustan

Practice reading the following questions and answers:

Pregunta:	¿A ustedes les gustan las zanahorias?
Respuesta:	Sí, nos gustan mucho las zanahorias.
Pregunta:	¿A quiénes les gusta el jamón?
Respuesta:	A Juan le gusta el jamón. A Berta y a Ema no les gusta.
Pregunta:	Eduardo y Alberto comen mucho. ¿Qué les gusta comer?
Respuesta:	A ellos les gustan los sándwiches de queso.
Pregunta:	¿Por qué no toman el jugo de toronja?
Respuesta:	No nos gusta el jugo de toronja. Nos gusta el jugo de naranja.
Pregunta:	¿A ti te gusta la cena?
Respuesta:	Sí, a mí me gusta mucho la cena.
Pregunta:	Tus amigos no comen mucho. ¿Por qué?
Respuesta:	A ellos no les gusta la sopa de pescado.
Pregunta:	¿Qué les gusta más, leer o comer?
Respuesta:	Nos gusta leer. Pero nos gusta comer también.

How observant are you?

What kind of word is **sopa**?

What kind of word is **comer**?

What two kinds of words can you use when you use **gustar**?

¡Vamos a practicar!

A. Uncle Rolando has invited his niece Tania to eat lunch at his house. She is very fussy about food. How does she answer his questions?

Primero, lee la pregunta. Luego, contesta con **sí** o **no.** Sigue el modelo.

Modelo: ¿Te gusta la sopa de pollo? (no)
Respuesta: **No, no me gusta la sopa de pollo.**

1. ¿Te gustan los sándwiches de queso? (no)
2. ¿Te gustan las papas? (no)
3. ¿Te gusta la ensalada de jamón? (sí)
4. ¿Te gustan los espaguetis con albóndigas? (no)

B. Tania's sister Teresa is just as fussy as Tania is. How do the two sisters answer their uncle's questions?

Primero, lee las preguntas. Luego, contesta con **sí** o **no.** Sigue el modelo.

Modelo: ¿A ustedes les gustan las legumbres? (no)
Respuesta: **No, no nos gustan las legumbres.**

1. ¿A ustedes les gustan los huevos revueltos? (sí)
2. ¿A ustedes les gusta el pavo? (no)
3. ¿A ustedes les gustan los helados? (sí)
4. ¿A ustedes les gustan las zanahorias? (no)
5. ¿A ustedes les gusta el arroz? (no)

C. Mirta is talking about herself and her friends. Help her decide who likes what.

Primero, lee la oración. Luego, escoge las palabras que van con la oración. Sigue el modelo.

> **Modelo:** —— me gustan las legumbres.
> **Respuesta:** **A mí me gustan las legumbres.**

1. —— nos gustan las hamburguesas.
2. —— les gusta mucho la gelatina.
3. —— nos gustan las zanahorias.
4. —— no nos gusta el helado.
5. —— me gusta el pescado.

A nosotros
A ellos
A nosotras
A mí

¡A divertirnos!

. . . .

Los hermanos gemelos

D. Imagine that the manager of the school cafeteria has asked you to take a survey. You must find out which foods are popular with the students and teachers.

Primero, escoge grupo **A,** grupo **B** o grupo **C.** Luego, escribe tres preguntas. Por último, haz las preguntas a nueve compañeros y a un profesor. Por último, escribe las respuestas. Lee el modelo.

A	B	C
el pollo	el arroz	las hamburguesas
las carnes	las zanahorias	los sándwiches
el pescado	los guisantes	la ensalada

Modelo:

TÚ:	Sr. López, ¿le gusta el arroz?
SR. LÓPEZ:	No, no me gusta el arroz.
TÚ:	¿Le gustan las zanahorias?
SR. LÓPEZ:	Sí, me gustan.
TÚ:	¿Le gustan los guisantes?
SR. LÓPEZ:	Sí, me gustan mucho.

Respuesta:
1. **El arroz. A diez personas no les gusta el arroz.**
2. **Las zanahorias. A seis personas les gustan las zanahorias. A cuatro personas no les gustan.**
3. **Los guisantes. A ocho personas les gustan los guisantes. A dos personas no les gustan.**

Vamos a leer

Leemos un menú

¿Cuántas palabras puedes comprender en este menú? Hay palabras para comida que son como las palabras en inglés. ¿Cuáles son?

Restaurante Hidalgo

Entremeses

Coctel de camarones

Nachos de frijoles

Sopas

La sopa del día

Caldo de pollo

Crema de espárragos

Ensaladas

Lechuga y tomate

Ensalada de atún

Carnes

Chuleta de cerdo

Biftec

Carne de ternera

Pescado y mariscos

Langosta

Filete de pescado

Vegetales

Coliflor

Remolachas

Postres

Flan

Helado

Torta de chocolate

Bebidas

Leche

Café o té

Limonada

¡Buen provecho!

La cultura y tú

La buena comida para la buena salud

Hay cuatro grupos básicos de comida. Cada día tienes que comer algo de cada grupo. Estas comidas tienen las vitaminas, los minerales y las proteínas para mantener la buena salud.

Grano	Fruta y vegetal	Carne	Leche
pan	zanahorias	jamón	leche
arroz	guisantes	frijoles	queso
tortillas	chiles	huevos	yogur
cereales	plátanos	pollo	helados
avena	mangos	carne	

Mira la foto de los tacos de México. ¿De qué grupos básicos son las cosas en los tacos?

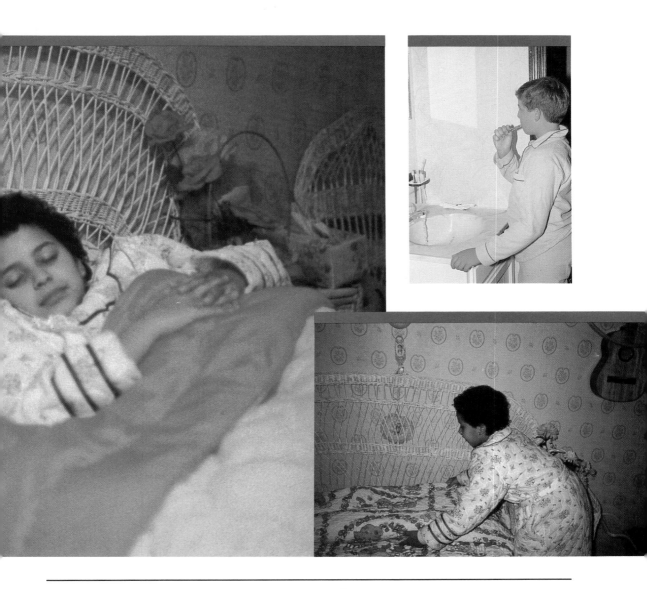

Panorama de vocabulario

¿Qué haces por la mañana? _____

Me despierto.
(despertarse)

Me levanto.
(levantarse)

Me cepillo
los dientes.
(cepillarse)

Me lavo.
(lavarse)

Me seco.
(secarse)

Me pongo la ropa.
(ponerse)

Me peino.
(peinarse)

Me voy de la casa.
(irse)

¿Qué haces por la noche?

Vuelvo a la casa.

(volver)

Me quito la ropa.

(quitarse)

Me baño.

(bañarse)

Me acuesto.

(acostarse)

¡Aprende el vocabulario!

A. The class is going on a field trip tomorrow and the bus leaves at 6:00 a.m. Alicia is trying to plan how she will get ready in time.

Primero, mira el dibujo. Luego, completa la oración. Sigue el modelo.

Modelo:  A las cinco ——.

Respuesta: A las cinco me despierto.

1. A las cinco y dos ——.

3. A las cinco y diez ——.

5. A las cinco y media ——.

2. A las cinco y cinco ——.

4. A las cinco y veinte ——.

6. A las seis menos veinte ——.

B. Gregorio wants to watch his favorite show from 8:30 to 9:30 p.m. His parents insist that he be in bed by ten o'clock. How does he schedule his time?

Primero, mira el dibujo. Luego, completa la oración. Sigue el modelo.

Modelo: A las diez menos veinte y cinco ———.

Respuesta: **A las diez menos veinte y cinco me quito la ropa.**

1. A las diez menos veinte ———.

2. A las diez menos quince ———.

3. A las diez menos doce ——— el pijama.

4. A las diez en punto ———.

C. Alejandro has written some lists of things he does in the morning and at night. Unfortunately, he wrote everything in the wrong order. Help him out.

Primero, lee las oraciones. Luego, escribe las oraciones en el orden apropiado. Sigue el modelo.

Modelo: a. Primero, me baño.

               b. Luego, me voy de la casa.

               c. Por último, me despierto.

Respuesta: a. **Primero, me despierto.**

               b. **Luego, me baño.**

               c. **Por último, me voy de la casa.**

1. a. Primero, me pongo la ropa.

     b. Luego, me seco.

     c. Por último, me baño.

2. a. Primero, me peino.

     b. Luego, me levanto.

     c. Por último, me cepillo los dientes.

3. a. Primero, me acuesto.

     b. Luego, vuelvo a la casa.

     c. Por último, me lavo.

4. a. Primero, me seco.

     b. Luego, me voy de la casa.

     c. Por último, me pongo la ropa.

Los sonidos del idioma

Las consonantes: La **q**

Escucha y repite.

que	pequeño	quinto	aquí
quedar	raqueta	química	mantequilla
querido	toque	Quito	esquina

1. Quito queda en el Perú.
2. En el quinto año se estudia la química.
3. ¿Quieres panqueques con mantequilla?
4. ¿En qué casa te quieres quedar aquí?

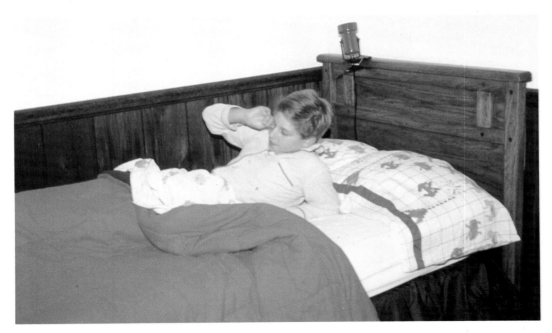

Son las siete y media de la mañana. ¿Qué hace el muchacho?

Using Stem-Changing Verbs

All the sentences below use the verb **cerrar.** Read the sentences below the pictures. Is **cerrar** a regular **-ar** verb or is it a stem-changing verb?

Singular	Plural

Cierro la puerta.

Cerramos las ventanas.

¿**Cierras** la puerta del dormitorio?

¿Por qué **cierra** usted la puerta?

Ellos **cierran** la puerta y las ventanas.

What happens to the stem of the verb **cerrar**? What letters do you use to change the stem?

Look at the following charts of some **e** to **ie** stem-changing verbs.

Singular

	cerrar	**pensar**	**comenzar**
yo	cierro	pienso	comienzo
tú	cierras	piensas	comienzas
él ella usted	cierra	piensa	comienza

Plural

	cerrar	**pensar**	**comenzar**
nosotros, nosotras	cerramos	pensamos	comenzamos
vosotros, vosotras	cerráis	pensáis	comenzáis
ellos ellas ustedes	cierran	piensan	comienzan

Practice reading the following questions and answers. Try to guess the meanings of **pensar** and **comenzar** from context.

Pregunta: ¿Por qué **cierras** la puerta?

Respuesta: **Cierro** la puerta porque hay un oso fuera de la casa.

Pregunta:	¿Qué **piensan** hacer hoy?
Respuesta:	Primero **pensamos** nadar. Luego **pensamos** correr.
Pregunta:	¿Quiénes **cierran** las puertas de la escuela?
Respuesta:	Los profesores **cierran** las puertas.
Pregunta:	¿Cuándo **comienzan** a practicar los deportes?
Respuesta:	**Comenzamos** a practicar los deportes esta semana.
Pregunta:	¿Qué **piensan** hacer Alfredo y Celia?
Respuesta:	Ellos **piensan** estudiar en la biblioteca. Luego **piensan** ir al cine.

¡Vamos a practicar!

A.   Imagine that your best friend is the most punctual person in the world!

Primero, lee la oración. Luego, completa la oración con una forma de **comenzar.** Sigue el modelo.

Modelo: A las cuatro en punto, tú y yo —— a nadar.

Respuesta: A las cuatro en punto, tú y yo comenzamos a nadar.

1.   A las nueve en punto, yo —— a estudiar.
2.   A las diez y media, la profesora —— la clase de historia.
3.   A las doce, tú y yo —— a almorzar.
4.   A la una en punto, el profesor —— la clase de ciencias.
5.   A las dos en punto, Juan y yo —— a correr en el gimnasio.
6.   A las tres y cinco, yo —— a recoger mis libros.

B. A big thunderstorm is starting. You and your friends had better close up the house before everything gets wet.

Primero, lee la oración. Luego, completa la oración. Usa una forma de **cerrar** en tu respuesta. Sigue el modelo.

Modelo: Eduardo —— la puerta de la cocina.

Respuesta: **Eduardo cierra la puerta de la cocina.**

1. Miriam y Jaime —— las ventanas de la sala.

2. Iris y yo —— la puerta grande.

3. Tú —— la ventana de tu dormitorio.

4. Horacio —— la puerta del garaje.

5. Ustedes —— las ventanas del despacho.

6. Yo —— la puerta del balcón.

C. Everyone in the house plans to do something different this weekend.

Primero, lee la oración. Luego, completa la oración con las formas apropiadas de **pensar.** Sigue el modelo.

Modelo: Papá —— lavar la ropa, pero yo —— lavar los platos.

Respuesta: **Papá piensa lavar la ropa, pero yo pienso lavar los platos.**

1. Graciela y Lucía —— correr al gimnasio, pero nosotros —— caminar.
2. Elvira —— bailar en la sala, pero Manuel y Paquita —— leer.
3. Yo —— pasar la aspiradora, pero abuelita —— lavar la alfombra.
4. Abuelito y yo —— ir al cine, pero Graciela —— ir a las tiendas.

Talking about Doing Things for Yourself

In the sentences below the pictures, the verbs come from the infinitive **levantarse.**

Singular	Plural

Me levanto a las seis.

Nos levantamos a las siete.

¿A qué hora **te levantas**?

Él **se levanta** temprano.

Ellos **se levantan** tarde.

Look at the endings of **levantarse.** Is **levantarse** a regular or an irregular verb?

Study the following charts of verbs. What words do you add to the regular **-ar** verb forms? Do they come before or after the verb forms?

Singular

	levantarse	bañarse	secarse
yo	me levanto	me baño	me seco
tú	te levantas	te bañas	te secas
él ella usted	se levanta	se baña	se seca

Plural

	levantarse	bañarse	secarse
nosotros, nosotras	nos levantamos	nos bañamos	nos secamos
ellos ellas ustedes	se levantan	se bañan	se secan

All the verbs in the charts are called reflexive verbs. In this unit you have learned other reflexive verbs, too. They all help you talk about actions you do for yourself, such as brushing your teeth, brushing your hair, and taking off your clothes. Once you know the words to put with the different verb forms, you can talk about many things.

The words you can put with different verb forms are called reflexive pronouns. Look at the pronouns all by themselves.

Singular	Plural
me te se	nos se

Practice reading the following questions and answers:

Pregunta: ¿**Te bañas** todos los días?

Respuesta: ¡Claro que sí! **Me baño** todos los días por la mañana.

Pregunta: ¿Cuántas veces al día **se cepillan** los dientes?

Respuesta: **Nos cepillamos** los dientes tres veces al día.

Pregunta: ¿A qué hora **se levantan** Raúl y Santiago?

Respuesta: Ellos **se levantan** a las seis de la mañana.

Pregunta: ¿Cuándo **se peinan,** por la mañana o por la noche?

Respuesta: **Nos peinamos** por la mañana. A veces **nos peinamos** por la noche también.

Pregunta: ¿Por qué **se quitan** los abrigos?

Respuesta: Ellos **se quitan** los abrigos porque tienen calor.

¡Vamos a practicar!

A. An exchange student is visiting the Ortiz family. Help Amalia tell him about the morning routines of her family.

Primero, lee la oración. Luego, escoge las palabras correctas y completa la oración. Sigue el modelo.

Modelo: Mi mamá (se lava, se lavan) la cara cada mañana.

Respuesta: **Mi mamá se lava la cara cada mañana.**

1. Mis hermanos (se levanta, se levantan) a las seis todos los días.
2. Alejandro (se baña, se bañan) primero.
3. Mi hermana y yo (me lavo, nos lavamos) el pelo cada día.
4. Luego, ella y yo (me peino, nos peinamos).
5. Mi papá y mi hermanito (se levanta, se levantan) tarde.

B. The exchange student has many questions for Amalia. She needs your help to answer them.

Primero, lee la pregunta. Luego, lee la hora entre paréntesis y contesta la pregunta. Sigue el modelo.

Modelo: ¿A qué hora te levantas? (6:30)

Respuesta: **Me levanto a las seis y media.**

1. ¿A qué hora se levantan tus hermanos? (7:00)

2. ¿A qué hora te bañas? (7:15)

3. ¿A qué hora se bañan tus hermanos? (7:45)

4. ¿A qué hora te peinas? (7:30)

C. Arnaldo has given you some candid pictures of himself and his friends at summer camp. Unfortunately, you have lost the captions. Try to make up new ones.

Primero, lee la lista de palabras. Luego, mira el dibujo. Por último, escribe una oración sobre el dibujo. Sigue el modelo.

bañarse	levantarse	quitarse
cepillarse	peinarse	secarse

Modelo:

Rafael

Respuesta: **Rafael se cepilla los dientes.**

1.

Martina

3.

Rosario

2.

Raúl y Francisco

4.

Teodoro y yo

D. How many times a day do you do things? Once a day? Twice a day? Three times a day?

Primero, lee la pregunta. Luego, lee la lista de palabras. Por último, contesta la pregunta. Sigue el modelo.

una vez al día	tres veces al día
dos veces al día	muchas veces al día

Modelo: ¿Cuántas veces al día te lavas la cara?

Respuesta: Me lavo la cara dos veces al día.

1. ¿Cuántas veces al día te cepillas los dientes?
2. ¿Cuántas veces al día te levantas?
3. ¿Cuántas veces al día te bañas?
4. ¿Cuántas veces al día te lavas las manos?
5. ¿Cuántas veces al día te quitas la ropa?
6. ¿Cuántas veces al día te peinas?

¡A divertirnos!

● ●

Una mañana difícil

Using Other Reflexive Verbs

Compare the following sentences. Look at the difference reflexive pronouns can make in the meaning of a verb.

Pongo los platos en la mesa.

Voy al cine el sábado.

David y Roberto **secan** la ropa en la secadora.

Me pongo la ropa.

Me voy de la casa a las ocho.

Ellos **se secan** las manos.

You can use reflexive pronouns with many kinds of verbs. You can even use them with irregular verbs and stem-changing verbs. Study the charts of an irregular verb and two stem-changing verbs.

Irse

Singular		Plural	
yo	me **voy**	nosotros, nosotras	nos **vamos**
tú	te **vas**		
él		ellos	
ella	se **va**	ellas	se **van**
usted		ustedes	

Acostarse (ue)

Singular		Plural	
yo	me ac**ue**sto	nosotros, nosotras	nos acostamos
tú	te ac**ue**stas		
él ella usted	se ac**ue**sta	ellos ellas ustedes	se ac**ue**stan

Despertarse (ie)

Singular		Plural	
yo	me desp**ie**rto	nosotros, nosotras	nos despertamos
tú	te desp**ie**rtas		
él ella usted	se desp**ie**rta	ellos ellas ustedes	se desp**ie**rtan

Practice reading the following questions and answers:

Pregunta: ¿A qué hora **se van** ustedes?

Respuesta: **Nos vamos** de la casa a las siete y media.

Pregunta: ¿Qué **se ponen** Luis y Manuel?

Respuesta: Ellos **se ponen** las botas. Está nevando ahora.

Pregunta:	¿A qué hora **te acuestas** los sábados?
Respuesta:	Los sábados **me acuesto** a las diez de la noche.
Pregunta:	¿Cuándo **se despiertan** tus hermanos?
Respuesta:	Ellos siempre **se despiertan** tarde. ¡**Se despiertan** a las ocho y **se van** de la casa a las ocho y cuarto!
Pregunta:	¿**Se despiertan** ustedes temprano los domingos?
Respuesta:	¡Claro que no! Los domingos **nos despertamos** muy tarde.

¡Vamos a practicar!

A. Little Pepito doesn't understand that sometimes he has to do things in the right order. Help him out.

Primero, lee la oración. Luego, cambia la oración. Sigue el modelo.

Modelo: Primero me levanto y luego me despierto.

Respuesta: **Primero te despiertas y luego te levantas.**

1. Primero me pongo la ropa y luego me baño.
2. Primero me acuesto y luego me pongo el pijama.
3. Primero me voy de la casa y luego me pongo mi chaqueta.
4. Primero me lavo la cara y luego me despierto.
5. Primero me pongo los zapatos y luego me pongo los calcetines.
6. Primero me acuesto y luego me cepillo los dientes.

B. Sometimes you think the Velásquez twins are stuck together with glue! They do absolutely everything together! How do they answer your questions?

Primero, lee la pregunta. Luego, mira el dibujo y contesta la pregunta. Sigue el modelo.

Modelo: ¿A qué hora se levantan?

Respuesta: **Nos levantamos a las siete.**

1.  ¿A qué hora se despiertan?

2. ¿A qué hora se despiertan los sábados?

3. ¿A qué hora se ponen la ropa?

4.  ¿A qué hora se van de la casa?

5.  ¿A qué hora se van de la casa los sábados?

6.  ¿A qué hora se acuestan los sábados?

C. Imagine that you're a reporter for a teen magazine. Your boss wants you to do a story on a Saturday in the life of a student.

Primero, lee la lista de preguntas. Luego, haz las preguntas a un compañero de clase. Por último, escribe un párrafo. Lee el párrafo de María primero.

1. ¿Te despiertas tarde o temprano los sábados?
2. ¿Te lavas el pelo los sábados?
3. ¿Te bañas los sábados?
4. ¿A qué hora te pones la ropa?
5. ¿Cuándo te vas de la casa, por la mañana o por la tarde?
6. ¿A qué hora te acuestas los sábados?

Un sábado en la vida de Horacio
de María Pinelas

Horacio se despierta tarde todos los sábados. No se lava el pelo. No se baña. Se pone la ropa al mediodía. Se va de la casa por la tarde. Se acuesta a las once y media todos los sábados. ¡Qué muchacho!

¿Qué hace el Sr. Zamora?

Vamos a leer

Arnulfo Correa

La rutina diaria no es lo mismo para todas las personas. Lee la historia de Arnulfo Correa.

Arnulfo Correa es un jóven simpático. Él vive con cuatro hermanos, cinco hermanas, sus papás y su tío Rodrigo.

Cada día, Arnulfo se despierta antes de la salida del sol. Se baña en el río que está cerca de su casita. No toma el desayuno. Sólo toma una taza de café.

Arnulfo y su mamá se van de la casa a las cinco de la mañana. Caminan muy lejos al mercado. Arnulfo ayuda a su mamá. Ellos venden papas y zanahorias en el mercado.

Es muy tarde cuando su mamá y él vuelven a la casa. A veces, Arnulfo se divierte con sus hermanos. A la medianoche, él se acuesta en el piso. Siempre tiene mucho sueño y casi siempre tiene mucha hambre.

La cultura y tú

Los días de Luisa y Juan Carlos

Luisa y Juan Carlos son hermanos. Viven en Venezuela. Los dos van a la escuela, pero tienen horarios diferentes.

Luisa tiene nueve años. Está en cuarto grado. Ella va a la escuela primaria.

7.15	Luisa se despierta y se levanta.
7.40	Se pone su uniforme. En Venezuela casi todos los alumnos llevan uniforme.
7.45	Toma el desayuno.
8.15	Luisa se va a la escuela.
8.30	Las clases comienzan.
11.30	Luisa va a su casa para almorzar. Ella almuerza con su mamá y su papá.
2.00	Luisa va a la escuela otra vez.
5.00	Vuelve a casa. Estudia mucho y mira la televisión.
8.00	Come la cena con su familia.
9.30	Luisa se baña y se pone el pijama.
10.00	Luisa se acuesta.

Ella habla con sus compañeras en la puerta de la escuela.

Luisa estudia en casa.

Juan Carlos tiene catorce años. Está en el tercer año y va a la escuela secundaria.

5.45	Juan Carlos se levanta muy temprano.
5.50	Se lava, se cepilla los dientes y se peina.
6.15	Toma un desayuno muy rápido.
6.30	Juan Carlos se va a la escuela.
7.00	Las clases comienzan.
1.00	Las clases terminan. Juan Carlos vuelve a casa.
1.30	Juan Carlos almuerza solo.
2.00	Duerme la siesta o lee sus libros.
3.30	A veces sale a ver a sus amigos. Practican los deportes.
8.00	Juan Carlos come la cena con toda la familia.
10.30	Se baña y se acuesta.

Juan Carlos está en la primera clase del día. ¿Tiene sueño?

Por la tarde, Juan Carlos practica los deportes con sus amigos.

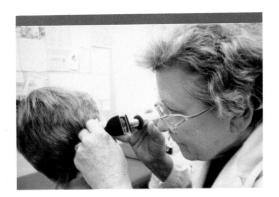

Panorama de vocabulario

¿Quién trabaja en la escuela? _____

la oficina

la directora

la secretaria

el secretario

Los directores y los secretarios trabajan en la oficina.

la maestra

el salón de clase

el maestro

Los maestros trabajan en los salones de clase.

la biblioteca la bibliotecaria el bibliotecario

Los bibliotecarios trabajan en la biblioteca.

el comedor la cocinera el cocinero

Los cocineros trabajan en el comedor.

la enfermería el enfermero la enfermera

Los enfermeros trabajan en la enfermería.

la conserje

la fuente de agua

el pasillo

el conserje

A veces los conserjes trabajan en el pasillo.

el auditorio

la salida / la entrada

subir las escaleras

bajar las escaleras

¡Aprende el vocabulario!

A. It's Family Day at school. Imagine that you are describing different places to your family.

Primero, mira el dibujo. Luego, completa la oración. Sigue el modelo.

Modelo:  Leemos libros en ——.

Respuesta: **Leemos libros en la biblioteca.**

1. Caminamos de clase a clase por ——.

3. Hablamos con el director en ——.

2. A veces tenemos dolor. Nos acostamos en ——.

4. Cantamos y bailamos en ——.

B. Wouldn't you know it! You forgot to set your alarm clock and now you're late for school. You happen to run into all the wrong people on your way to class.

Primero, lee la oración. Luego, busca el dibujo que va con la oración. Por último, completa la oración. Sigue el modelo.

Sr. Herrera
Director

Srta. Luna
Secretaria

Sra. Chávez
Enfermera

Sr. Cervantes
Cocinero

Sra. Fuentes
Bibliotecaria

Sr. Durango
Conserje

Sra. Sierra
Maestra

Modelo: ¡Ay, caramba! Es la Sra. Sierra, ———.

Respuesta: **¡Ay, caramba! Es la Sra. Sierra, la maestra.**

1. ¡Ay, caramba! Es el Sr. Durango, ———.
2. ¡Ay, caramba! Es el Sr. Herrera, ———.
3. ¡Ay, caramba! Es la Sra. Fuentes, ———.
4. ¡Ay, caramba! Es el Sr. Cervantes, ———.
5. ¡Ay, caramba! Es la Srta. Luna, ———.
6. ¡Ay, caramba! Es la Sra. Chávez, ———.

C. You were lucky! Since you arrived late, the principal asked you to show a visitor around the school. The visitor has a list of people from exercise B.

Primero, lee la pregunta y mira el dibujo. Luego, contesta la pregunta. Sigue el modelo.

Modelo: ¿Dónde trabaja la Sra. Chávez?

Respuesta: **La Sra. Chávez trabaja en la enfermería.**

1. ¿Dónde trabaja la Sra. Fuentes?
2. ¿Dónde trabaja el Sr. Cervantes?
3. ¿Dónde trabaja la Sra. Sierra?
4. ¿Dónde trabaja el Sr. Durango?
5. ¿Dónde trabaja el Sr. Herrera?
6. ¿Dónde trabaja la Srta. Luna?

D. Pedro is confused. He is standing in the middle of the stairway and he doesn't know where to go. He also doesn't know whether to go up or down the stairs. Help Pedro find his way.

Lee la oración y mira el dibujo. Primero, decide dónde tiene que ir. Luego, decide si tiene que bajar o subir las escaleras. Por último, escribe las respuestas. Sigue el modelo.

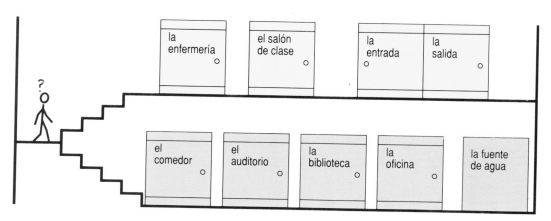

Modelo: Estoy muy mal y tengo dolor.

Respuesta: **Tienes que ir a la enfermería. Tienes que subir las escaleras.**

1. Tengo mucha hambre.

2. Tengo que ir a casa.

3. Tengo que buscar un libro.

4. Tengo que usar el teléfono.

5. Tengo que hablar con el maestro.

6. Tengo que practicar una canción.

Los sonidos del idioma

Las consonantes: La **g**

Escucha y repite.

gabinete	golfo	gusto
gana	goma	Guzmán
regalo	agosto	disgusto
hormiga	trigo	figura

1. Hay un gato, un regalo y una hormiga en el gabinete.
2. En agosto hay mucho trigo en el trigal.
3. Gregorio Guzmán ignora la goma y come los guisantes.
4. Algunos magos gallegos juegan con gusto.

¿Hay muchas secretarias o pocas secretarias en tu escuela?

¿Quién trabaja en la biblioteca?

Talking about What You Know How to Do

Read the sentences below the pictures. All the verbs are from the infinitive **saber.**

Singular

Yo **sé** cocinar.

Plural

Sabemos nadar muy bien.

¿No **sabes** patinar?

Él no **sabe** peinarse.

Ellos **saben** bailar el flamenco.

Study the chart on the next page. Is **saber** a regular **-er** verb? Is one form irregular? Which one?

Saber

Singular		Plural	
yo	**sé**	nosotros, nosotras	sabemos
tú	sabes		
él ella usted	sabe	ellos ellas ustedes	saben

Practice reading the following questions and answers:

Pregunta: ¿Sabes **lavar** la ropa en la lavadora?

Respuesta: No, no sé **usar** la lavadora.

Pregunta: Ellos saben **escribir** en español, ¿verdad?

Respuesta: Sí, saben **escribir** muy bien en español.

Pregunta: En tu familia, ¿quiénes saben **cocinar**?

Respuesta: Mis hermanos saben **cocinar.** Yo no sé **cocinar.** ¡Sólo sé **comer**!

Pregunta: Sr. Fernández, ¿sabe usted **bailar** el tango?

Respuesta: No, no sé **bailar** el tango.

Pregunta: ¿Tu hermanita sabe **bañarse**?

Respuesta: No, ella no sabe **bañarse.** Sólo tiene dos años.

How observant are you?

Look at the words following the forms of **saber.** What are the words that end in **-ar, -er,** and **-ir**?

¡Vamos a practicar!

A. Linda is new in class and she wants to make friends with you.

Primero, lee la pregunta. Luego, contesta la pregunta con una oración completa. Sigue el modelo.

Modelo: ¿Sabes patinar?

Respuesta: **Sí, sé patinar. [No, no sé patinar.]**

1. ¿Sabes escribir en español?
2. ¿Sabes cocinar hamburguesas?
3. ¿Sabes lavar la ropa?

4. ¿Sabes usar la computadora?
5. ¿Sabes leer en español?
6. ¿Sabes bailar muy bien?

B. Juan's grandfather believes that young people should know how to help around the house. At lunch he questions Juan and his friends.

Primero, lee la pregunta. Luego, lee la palabra o las palabras entre paréntesis. Por último, contesta la pregunta. Sigue el modelo.

Modelo: ¿Quién sabe barrer las escaleras?
(Ángel)

Respuesta: **Ángel sabe barrer las escaleras.**

1. ¿Quién sabe lavar la ropa?
(Elena, Luis y yo)

2. ¿Quién sabe cocinar?
(Rodrigo)

3. ¿Quién sabe barrer el piso?
(Amalia y Ricardo)

4. ¿Quién sabe secar la ropa?
(Óscar y yo)

C. Estela and her friends are a talented group. She has made drawings of herself and her friends to show what they know how to do.

Primero, lee la frase. Luego, mira el dibujo y forma una oración. Sigue el modelo.

Modelo: Sergio ——.

Respuesta: **Sergio sabe escribir.**

1. Yo ——.

2. Victoria ——.

3. Julia y Pepe ——.

4. Luis y yo ——.

5. Carlos ——.

6. Inés y yo ——.

D. List some of the things you know how to do. Then list some things you don't know how to do.

Escribe ocho oraciones en tus palabras. Primero, lee las listas de Javier.

Sí	No
1. Sé cantar.	**1.** No sé bailar.
2. Sé estudiar muy bien.	**2.** No sé planchar la ropa.
3. Sé nadar.	**3.** No sé usar una computadora.
4. Sé abrir el garaje.	**4.** No sé cocinar.
etcétera	etcétera

¡A divertirnos!

Una expresión sabia

Ella sabe la ruta como la palma de la mano.

Using Affirmative and Negative Words

Study the sentences below the pictures. Which ones are positive, or affirmative? Which ones are negative?

Alguien está en la oficina.

Nadie está en la oficina.

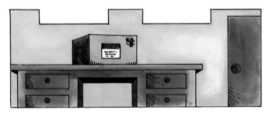

Algo está en el escritorio.

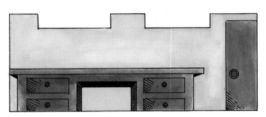

Nada está en el escritorio.

Siempre almuerzo en la escuela.

Nunca almuerzo en la escuela.

What word do you use to talk about "no one"?

What word do you use to say you "never" do something?

What word do you use to say there is "nothing"?

Compare the following questions and answers:

Affirmative	Negative
¿Quién está en el pasillo?	¿Quién está en el pasillo?
Alguien está en el pasillo.	**Nadie** está en el pasillo.
¿Hay alguien en el auditorio?	¿Hay alguien en el auditorio?
Sí, hay **alguien** en el auditorio.	**No, no** hay **nadie** en el auditorio.
¿Qué está sobre la mesa?	¿Qué está sobre la mesa?
Algo está sobre la mesa.	**Nada** está sobre la mesa.
¿Qué está debajo de la mesa?	¿Qué está debajo de la mesa?
Algo está debajo de la mesa.	**No** está **nada** debajo de la mesa.
¿Cuándo van a la oficina?	¿Cuándo van a la oficina?
Siempre vamos a la oficina.	**Nunca** vamos a la oficina.
Vamos **siempre** a la oficina.	**No** vamos **nunca** a la oficina.

When you use negative words, can you use more than one? If you start your sentence with the word **no,** where do you put the other negative word? Do you put it before the verb or after the verb?

¿Hay alguien en la sala?

¡Vamos a practicar!

A. Is someone there or is it just your imagination? You have to check for yourself.

Primero, mira el dibujo. Luego, completa la oración con **alguien** o **nadie.** Sigue el modelo.

Modelo:

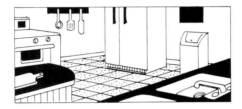

—— está en la cocina.

Respuesta: Nadie está en la cocina.

1.

—— está en la oficina.

3.
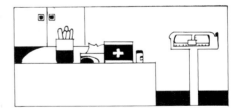

—— está en la enfermería.

2.

—— está en el pasillo.

4.

—— está en la biblioteca.

B. Are your eyes playing tricks on you? Look again to check if something or nothing is there.

Primero, mira el dibujo. Luego, completa la oración con **algo** o **nada.** Sigue el modelo.

Modelo:

—— está en la silla.

Respuesta: Algo está en la silla.

1.

—— está en la fuente de agua.

3.

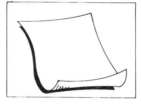

—— está en el papel.

5.

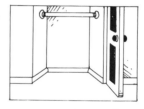

—— está en el ropero.

2.

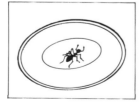

—— está en el plato.

4.

—— está en la mesa.

6.

—— está debajo de la cama.

C. You have just been handed a questionnaire about your habits.

Primero, lee la pregunta. Luego, contesta con **siempre** o **nunca.** Sigue el modelo.

Modelo: ¿Vas a la escuela los martes?

Respuesta: Sí, siempre voy a la escuela los martes.

1. ¿Lavas la ropa en el lavaplatos?
2. ¿Te pones la ropa por la mañana?
3. ¿Te acuestas por la noche?
4. ¿Llevas tu pijama en la escuela?
5. ¿Te bañas en la fuente de agua?

D. Your friend next door loves to contradict you. No matter what you say, she'll say the opposite.

Primero, lee la oración. Luego, escribe otra oración. Sigue el modelo.

Modelo: Nadie estudia en la biblioteca.

Respuesta: Alguien estudia en la biblioteca.

1. Nada está en la mesa.
2. La secretaria siempre está en la oficina.
3. Alguien está en el jardín.
4. Nunca voy al patio.
5. Nadie baila con mi amigo.
6. Siempre lavamos la ropa los sábados.

Making Comparisons

The sentences below the pictures show two ways you can compare people and things.

Inés es alta.

Dolores es **más** alta **que** Inés.

Rita es **la más** alta.

Paco es atlético.

David es **más** atlético **que** Paco.

Saúl es **el más** atlético.

When you compare two people, how do you say that one is "more..." than the other?

When you compare more than two people, how do you say that one is the "most..." of the group?

Look at the chart below. You use the comparative words when you talk about two people or things. You use the superlative words when you talk about more than two people or things.

Comparative	Superlative
más . . . que menos . . . que	el más . . . la más . . .

Mi libro es **más** grande **que** tu libro.

Julio es **menos** alto **que** Víctor.

Rosa es **más** inteligente **que** Alejandra.

El libro de Iris es **el más** grande de todos.

Gregorio es **el más** bajo de todos los muchachos.

Hortensia es **la más** inteligente de todas las alumnas.

Practice reading the following conversations. Which answers compare two people? Which answers compare more than two people?

SR. SOTELO: ¿Quién es la alumna más cómica de la clase?

MARCOS: Pancha es muy cómica.

ANITA: Sí, pero Beatriz es **más** cómica **que** Pancha.

HÉCTOR: Es verdad. Pero Chela es **la más** cómica de las alumnas.

SRA. RUIZ: El Sr. López, la Sra. Gómez y la Srta. Muñoz son cocineros. ¿Quién es el cocinero más generoso?

JUANA: La Sra. Gómez es generosa.

TOMÁS: La Srta. Muñoz es **más** generosa **que** la Sra. Gómez.

SARA: Sí, pero el Sr. López es **el más** generoso de los tres.

¡Vamos a practicar!

A. Alejandro is talking about the people in his class. You can top him.

Lee la oración y el nombre entre paréntesis. Escribe una nueva oración. Sigue el modelo.

> **Modelo:** Catalina es más alta que Minerva. (Anita)
>
> **Respuesta: Anita es la más alta.**

1. Luz es más impaciente que Enrique. (Ángela)
2. Carolina es más generosa que Alicia. (Tomás)
3. La Sra. Delgado es más inteligente que la Sra. Ruiz. (Srta. Falla)
4. Ofelia es más atlética que David. (Jorge)
5. Lidia es menos gruesa que Arturo. (Mercedes)

B. Your pen pal from Madrid wants you to describe your family, your friends, and the people at school.

Primero, lee la frase. Luego, escoge una palabra de la lista. Por último, completa la oración. Sigue el modelo.

inteligente	bajo	cómico	tímido	impaciente
alto	atlético	simpático	generoso	delgado

> **Modelo:** El director (la directora)
>
> **Respuesta: El director es el más simpático.**

1.	Mi amigo	**3.**	Mi mamá (papá)	**5.**	El conserje
2.	Mi maestro	**4.**	Mi amiga	**6.**	Mi tío (tía)

Vamos a leer

Una carta de un amigo

Dora acaba de recibir la primera carta de un nuevo amigo. Ella quiere compartir la carta con otros amigos.

---

14 de enero

Estimada Dora,

Me llamo Miguel Hernández y vivo en Puerto Rico. Estudio en la escuela Luis Muñoz Rivera.

Mi escuela tiene una oficina para la directora y el secretario, ocho salones de clase y el comedor. En el comedor trabajan un cocinero y dos cocineras.

No tenemos ni biblioteca ni enfermería. Tampoco tenemos gimnasio. Practicamos los deportes en el patio. Allá también están el baño y la fuente de agua.

El conserje se llama don Chucho. Es el hombre más simpático de la escuela. También es el más cómico. Siempre cuenta chistes a los alumnos.

Tengo clases de inglés, matemáticas, ciencias, español y estudios sociales. Me gusta mucho la clase de español, pero también me gusta la clase de inglés.

Por favor, escríbeme pronto.

Tu amigo,

Miguel

La cultura y tú

Una escuela especial

En Chicago, Illinois, hay una escuela especial. Se llama el Programa Inter-americano.

Estas muchachas van al Programa Inter-americano. Los alumnos de esta escuela son de México, Guatemala y otros países. Estos alumnos viven en los Estados Unidos, pero sus familias son de otros países. En casa, ellos hablan español. También en esta escuela, hay alumnos de Chicago. En casa, ellos hablan inglés.

Todos los alumnos de esta escuela hablan inglés y español. En la clase de computadoras, hablan inglés, español . . . ¡y BASIC! A estos alumnos les gusta mucho hablar dos idiomas. Ellos quieren ser bilingües.

Ésta es una clase de ciencias. Esta semana en la clase de ciencias, los alumnos hablan español el lunes, el miércoles y el viernes. El martes y el jueves, hablan inglés. Así practican dos idiomas.

En tu escuela, ¿hay alumnos que hablan español e inglés? ¿Aprendes tú algo de su idioma y de sus países?

Tercer repaso

A. Una conversación entre amigos _____

JAIME: ¡Hola, Sonia! ¿Qué tal?

SONIA: Bien, Jaime. ¿Y tú?

JAIME: Muy bien. Pienso nadar. ¿Quieres nadar conmigo?

SONIA: Es que ... Mis papás no están en casa hoy. Mi hermanito José tiene que ir con nosotros.

JAIME: Bueno, ¿quieren ustedes nadar?

SONIA: No podemos. Mi hermanito no sabe nadar.

JAIME: ¿Pueden patinar?

SONIA: Yo sé patinar y me gusta mucho. Pero José no sabe patinar.

JAIME: Mmmm. ¿Quieren ustedes bailar? Hay un baile en la escuela esta tarde.

SONIA: Lo siento. José tampoco sabe bailar.

JAIME: Pues, podemos ir a mi casa a almorzar.

SONIA: ¡Qué buena idea! ¡José sí sabe comer!

Preguntas

1. ¿Quién tiene que ir con Sonia y Jaime? ¿Por qué?

2. ¿Por qué no pueden nadar?

3. ¿A quién le gusta patinar?

4. ¿Por qué no pueden patinar?

5. ¿Puede bailar José?

6. ¿Qué sabe hacer José?

B. ¿Qué sabes?

What do you know? Mario Duro, the school bully, wants to know.

¿Qué sabes? Contesta las preguntas en tus palabras.

1. ¿Sabes abrir la puerta de un garaje?
2. ¿Sabes cerrar las ventanas de tu casa?
3. ¿Sabes escribir el nombre de la bibliotecaria?
4. ¿Sabes cocinar los espaguetis con albóndigas?
5. ¿Sabes barrer el pasillo de la escuela?
6. ¿Sabes preparar la cena para tu familia?

C. Tú eres periodista

Imagine that you're a newspaper reporter. Every good reporter must know how to ask questions.

Primero, escribe dos o tres preguntas sobre cada foto. Luego, haz las preguntas a un compañero de clase. Lee el ejemplo.

Modelo: 1. **a.** ¿Te gustan los colores?
   b. ¿Qué color es el más bonito?
   c. ¿Sabes pintar?

1.

2.

3.

CH. Las actividades del día _____

Carlota has written some sentences about her family's daily routine. This morning, her dog chewed up her homework! Help her get everything back in order.

Primero, lee las oraciones. Luego, lee las palabras. Por último, escoge una palabra y completa las oraciones. Sigue el modelo.

Modelo: Mamá acaba de despertarse. Ahora ———.

      a.   levantarse

      b.   acostarse

      c.   peinarse

Respuesta: **Ahora se levanta.**

1. Primero, me pongo la ropa. Luego, miro el espejo y ———.
    a. irse de la casa
    b. bañarse
    c. peinarse

2. Irma va a bañarse. Primero, ———.
    a. secarse
    b. cepillarse los dientes
    c. quitarse la ropa

3. Papá acaba de bañarse. Ahora ———.
    a. irse de la casa
    b. secarse
    c. acostarse

4. Irma y yo nos ponemos la ropa. Las clases comienzan en media hora. Ahora ———.
    a. irse de la casa
    b. lavarse la cara
    c. acostarse

5. Primero, me baño y me seco. Ahora ———.
    a. despertarse
    b. ponerse la ropa
    c. quitarse la ropa

6. Irma y yo nos ponemos el pijama. Ahora ———.
    a. volver
    b. bañarse
    c. acostarse

D. ¿Cómo son las personas prehistóricas? _____

Imagine that you have fallen into a time machine and have been whisked back to prehistoric days. What will you tell your friends about the cave people you meet?

Primero, lee la pregunta y mira el dibujo. Luego, escribe la respuesta. Sigue el modelo.

Modelo: ¿Quién es la más generosa?

Respuesta: **Dala es la más generosa.**

1. ¿Quién es el más inteligente?

2. ¿Quién es la más bonita?

3. ¿Quién es la más tímida?

4. ¿Quién es el más atlético?

E. ¿Y tú?

You have been elected the Spanish class delegate to an international conference of students. The delegates from other countries have many questions for you.

Lee y contesta las preguntas en tus palabras.

1. ¿A ustedes les gustan los deportes?

2. ¿A qué hora comienzan sus clases?

3. ¿Pueden ir al cine todos los días?

4. ¿Cuándo almuerzan ustedes?

5. ¿A qué hora se acuestan?

6. ¿A qué hora se despiertan?

7. ¿Saben hablar inglés y español?

8. ¿Qué les gusta hacer los sábados?

F. Una noche misteriosa

Imagine that you and your best friend have fallen asleep in the auditorium. When you wake up, it is midnight! How do you calm down your friend as you find your way out of the school?

Lee y contesta las preguntas. Escribe las respuestas.

1. ¿Hay alguien en el auditorio?
2. ¿Hay algo en la mesa del comedor?
3. Alguien está en la enfermería, ¿verdad?
4. Algo está en el pasillo, ¿no?
5. Nunca vamos a volver a casa, ¿verdad?
6. ¿Hay alguien en la salida?

G. Una carta de la enfermera

The school nurse is concerned that all students eat balanced meals. She has sent a letter to everyone about good eating habits.

Lee la carta y contesta las preguntas de la enfermera.

9 de marzo

Querido alumno:

Cada día yo miro las clases de educación física. A ustedes les gustan los deportes, ¿no? Sólo pueden practicar los deportes cuando comen bien.

¿Comes bien? ¿Qué piensas comer hoy? Tienes que probar la comida nueva. Sé que te gustan la carne y el jamón, pero es importante comer muchas cosas diferentes. Por ejemplo, el arroz es delicioso y nutritivo. También, las ensaladas son muy buenas.

Además, es importante tomar leche. ¿Comes queso? ¿Tomas leche tres veces al día? ¡No es suficiente comer helado de chocolate!

¿Almuerzas todos los días? ¿Tomas el desayuno cada día de la semana? ¿Piensas comer frutas y legumbres para la cena esta noche? Las frutas y las legumbres son deliciosas y muy buenas para la salud. Si quieres hablar de la comida y de tu salud, ven a la enfermería. Podemos hablar de la nutrición.

Dra. Sánchez

Sra. Sánchez
Enfermera

Panorama de vocabulario

Los juegos

las damas

el ajedrez

los juegos electrónicos

el dominó

Los deportes

el tenis

el baloncesto

el fútbol

el fútbol americano

el béisbol

el volibol

la jugadora

el jugador

el equipo

Los pasatiempos

ir de pesca montar a caballo tocar un instrumento

sacar fotos ir en bicicleta cultivar plantas

leer novelas coleccionar

¡Aprende el vocabulario!

A. It's Activity Night at the school. In every room groups of students are playing games and having fun. Which group would you join?

Primero, mira el dibujo. Luego, nombra el juego o el deporte en el dibujo. Sigue el modelo.

Modelo:

Respuesta: el volibol

1.

2.

3.

4.

5.

6.

7.

8.

B. It's the hottest day of the year and the air conditioning is broken in the school. No one can concentrate, so the principal has let everyone out early. What does everyone want to do with the free time?

Primero, mira el dibujo. Luego, completa la oración. Sigue el modelo.

Modelo: Tú quieres ———.

Respuesta: **Tú quieres ir de pesca.**

1. Juan quiere ———.

3. Mari quiere ———.

5. Yo quiero ———.

2. Elisa quiere ———.

4. Javier quiere ———.

6. Rosa quiere ———.

C. You and your friends have decided to make a chart of all the things you like to do. You also want to list the number of people who can participate. This summer whenever you don't know what to do, you can look at your chart and pick an activity.

Primero, lee las palabras de la lista. Luego, en una hoja de papel, escribe las palabras bajo la categoría apropiada. Lee los ejemplos.

el volibol	leer novelas	el tenis
coleccionar	el ajedrez	el dominó
ir en bicicleta	el baloncesto	ir de pesca
el béisbol	sacar fotos	el fútbol
las damas	montar a caballo	cultivar plantas

un jugador o una jugadora	dos o más jugadores	dos equipos
leer novelas	el dominó	el volibol

D. It's your turn to ask questions. Take a survey of ten students in your class. Find out what their favorite sports, games, and pastimes are. Report your findings to the class.

Escoge a diez alumnos. Haz preguntas sobre sus actividades favoritas. Escribe un párrafo para las respuestas a cada pregunta. Primero, lee el modelo.

Modelo: ¿Cuál es tu deporte favorito?

¿Cuál es tu pasatiempo favorito?

¿Cuál es tu juego favorito?

Los deportes

A tres alumnos les gusta el fútbol americano. A seis alumnos les gusta más el tenis. A un alumno le gusta más el volibol.

Los pasatiempos

A dos alumnos les gusta ir de pesca. A una alumna le gusta montar a caballo. A cuatro alumnos les gusta ir en bicicleta. A un alumno le gusta sacar fotos. A dos alumnos les gusta leer novelas.

Los juegos

A siete alumnos les gustan los juegos electrónicos. A un alumno le gusta el dominó. A dos alumnos les gustan las damas. A nadie le gusta el ajedrez.

A este muchacho, ¿qué le gusta hacer?

Los sonidos del idioma

Las consonantes: La **g**

Escucha y repite.

gesto	gigante
gente	girasol
vegetal	mágico
escoge	página

1. La gente come vegetales mágicos.
2. La flor escogida es el girasol gigante.
3. Generalmente, Geraldo lee las páginas a los gemelos en el gimnasio.

¿Vas mucho en bicicleta con tus amigos?

¿Cuántos jugadores hay?

Talking about What You Play

Study the sentences below the pictures. All of the verbs come from the infinitive **jugar.**

Singular   Plural

Juego al tenis con mi amiga.

Jugamos al béisbol en la primavera.

¿**Juegas** al fútbol?

Juega al ajedrez.

Juegan al volibol los sábados.

Is the verb **jugar** a stem-changing verb? How does the stem change? What other verbs do you know that are like **jugar**?

Study the chart of the verb **jugar.**

Jugar

Singular		Plural	
yo	**jue**go	nosotros, nosotras	ju**ga**mos
tú	**jue**gas		
él ⎫		ellos ⎫	
ella ⎬ **jue**ga		ellas ⎬ **jue**gan	
usted ⎭		ustedes ⎭	

Practice reading the following questions and answers:

Pregunta:	¿Juega mucho Andrés?
Respuesta:	No, no juega mucho. Juega muy poco.
Pregunta:	¿Quién juega **al** ajedrez?
Respuesta:	¡Nadie juega **al** ajedrez!
Pregunta:	¿Sabes jugar **al** fútbol?
Respuesta:	Sí, sé jugar **al** fútbol. ¡Juego muy bien!
Pregunta:	¿Qué quieren hacer?
Respuesta:	¿Por qué no jugamos **al** baloncesto? Tenemos muchos jugadores aquí.

How observant are you?

What word follows a form of **jugar** when you talk about playing a sport or a game? What happens when that word is followed by **el**?

¡Vamos a practicar!

A. Gloria is new to summer camp this year. Tell her who everyone is.

Primero, lee la pregunta. Luego, mira el dibujo y contesta la pregunta. Sigue el modelo.

Modelo: ¿Quién juega al tenis?

Respuesta: **Teresa juega al tenis.**

1. ¿Quién juega al béisbol?

3. ¿Quién juega al ajedrez?

2. ¿Quién juega al volibol?

4. ¿Quién juega al dominó?

B. You are one of the hosts at your school's Activity Showcase night.

Lee la pregunta. Contesta **no** a la pregunta. Luego, lee la palabra entre paréntesis y escribe otra oración con la palabra. Sigue el modelo.

Modelo: ¿Juegas tú al tenis? (Armando)

Respuesta: **No, yo no juego al tenis. Armando juega al tenis.**

1. ¿Juegan Jaime y Rosa al ajedrez? (Gabriel y yo)

2. ¿Juega Laura al fútbol? (Dolores)

3. ¿Juegan Miguel y Caty al béisbol? (Lucho)

4. ¿Juegan Eva y tú a los juegos electrónicos? (Ricardo)

5. ¿Juega Nely al volibol? (Pedro y Rubén)

6. ¿Juega el director al baloncesto? (los maestros)

C. You are being interviewed by the sports reporter, Yolanda del Río. She wants to know what kinds of games students play these days.

Primero, lee la pregunta. Luego, contesta con **sí** o **no**. Escribe una oración completa. Sigue el modelo.

Modelo: ¿Juegan las muchachas al fútbol?

Respuesta: **Sí, las muchachas juegan al fútbol.**

1. ¿Juegas al baloncesto?

2. ¿Juegan tus amigos al volibol?

3. ¿Juegan tus amigos y tú al fútbol?

4. ¿Juegan ustedes al tenis?

5. ¿Juegas al ajedrez?

6. ¿Juegan los muchachos al fútbol americano?

D. Yolanda del Río would like more information on which sports are popular in your class. You have agreed to do a survey for her.

Escoge tres deportes o juegos. Haz preguntas sobre las actividades a diez compañeros. Escribe un párrafo con las respuestas. Lee el modelo.

Modelo:

TÚ: ¿Juegas al volibol?

ELVIRA: Sí, juego al volibol.

TÚ: ¿Juegas al ajedrez?

ELVIRA: No, no juego al ajedrez.

TÚ: ¿Juegas al fútbol?

ELVIRA: No, no juego al fútbol.

Dos personas juegan al volibol. Ocho personas no juegan al volibol. Seis personas juegan al ajedrez. Cuatro personas no juegan al ajedrez. Siete personas juegan al fútbol. Tres personas no juegan al fútbol.

¡A divertirnos!

● ●

¿A qué juegan los jugadores?

Talking about Yourself and Others

You already know most of the forms of the verb **ser.** Name the forms of **ser** in the following sentences.

Edilberto, ¡**eres** muy inteligente!

Mi papá **es** muy alto, pero yo **soy** más alto que mi papá.

Los alumnos **son** de México.

Soy alumno de la Escuela Bolívar.

¡Caramba! ¡**Son** las nueve y media!

Now read the following sentences. What form is new to you?

Tú y yo **somos** buenos jugadores.

Nosotras **somos** hermanas.

Catalina, Horacio y yo **somos** impacientes.

Study the chart of the verb **ser.** Why is **ser** called an irregular verb?

Ser

Singular		Plural	
yo	**soy**	nosotros, nosotras	**somos**
tú	**eres**	vosotros, vosotras	**sois**
él ella usted	**es**	ellos ellas ustedes	**son**

¡Vamos a practicar!

A. You are shopping for clothes with your friend Héctor. Héctor is very particular about the way he looks. Every time you express an opinion, he disagrees.

Primero, lee la oración. Luego, forma otra oración con una forma de **ser.** Sigue el modelo.

> **Modelo:** El abrigo azul es bonito.
>
> **Respuesta:** **No, el abrigo azul no es bonito.**

1. Los calcetines son grandes.

2. El impermeable es pequeño.

3. El traje de baño es bonito.

4. Las camisas son muy feas.

5. Los pantalones son largos.

6. La chaqueta rosada es corta.

B. The new issue of your favorite music magazine is out. This month, there is an interview with the rock group, Enchufe Oscuro, with Martín Estrada, Pablo Lobo, Mario Godino, and José Bernal.

Primero, lee la pregunta y la palabra entre paréntesis. Luego, escribe una respuesta. Sigue el modelo.

> **Modelo:** Martín, ¿son ustedes generosos? (sí)
>
> **Respuesta:** **Sí, somos generosos.**

1. Pablo, ¿son Mario y José tímidos en los auditorios? (no)

2. Mario, ¿eres tú tímido? (sí)

3. Pablo, ¿son cómicas sus canciones? (sí)

4. José, ¿son ustedes atléticos?   (sí)

5. Martín, ¿eres impaciente?   (no)

6. Pablo, ¿son ustedes buenos amigos?   (sí)

7. Mario, ¿eres inteligente?   (sí)

8. José, ¿son simpáticos Pablo, Mario y Martín?   (sí)

C. Imagine that you and your best friend have volunteered to be assistants at a day care center. The director would like to know more about you.

Primero, lee las preguntas. Luego, contesta en tus palabras en oraciones completas. Sigue el modelo.

Modelo: ¿De dónde son?
Respuesta: **Somos de Laredo.**

1. ¿Son alumnos (alumnas)?

2. ¿Son amigos (amigas)?

3. ¿Son impacientes ustedes?

4. ¿Quién es más fuerte, tú o tu amigo (amiga)?

5. ¿Quién es más atlético (atlética)?

6. ¿Eres generoso (generosa)?

7. ¿Son jugadores (jugadoras) en un equipo?

8. ¿Son cómicos (cómicas) ustedes?

9. ¿Son tímidos (tímidas) ustedes?

10. ¿De dónde son?

¡A conversar!

Buenos amigos

TOMÁS: Somos buenos amigos, ¿verdad?

RAMÓN: ¡Claro que sí!

TOMÁS: Jugamos al tenis, al fútbol y al baloncesto . . .

RAMÓN: Sí. También nos gustan los juegos electrónicos.

TOMÁS: Es cierto. Sacamos fotos, coleccionamos tarjetas postales, vamos a todas partes en bicicleta . . .

RAMÓN: ¿Qué pasa, Tomás? ¿Tienes algún problema?

TOMÁS: Tú y yo somos inseparables. Ahora, tú quieres montar a caballo. Pero yo tengo miedo de los caballos. ¡No voy a montar a este caballo tan enorme! ¿Todavía somos amigos?

RAMÓN: ¡Ay, Tomás! Tú eres muy chistoso. ¡Claro que somos amigos!

Preguntas

1. ¿A qué juegan Tomás y Ramón?

2. ¿Qué coleccionan los dos?

3. ¿A quién le gusta montar a caballo?

4. ¿Quién tiene miedo de los caballos?

5. ¿Todavía son buenos amigos?

¡Conversa tú!

1. ¿Juegas mucho con tus amigos?

2. ¿Cuál es tu deporte favorito?

3. ¿Eres un buen jugador?

4. ¿Juegas con un equipo?

5. ¿Cuál es tu pasatiempo favorito?

La cultura y tú

Tres deportistas del mundo hispano

A tres señoritas jóvenes les gusta mucho el tenis. Gabriela Sabatini, Gigi Fernández y Mary Joe Fernández son jugadoras profesionales y campeonas mundiales de tenis. Ellas son muy populares en sus países y por todo el mundo.

Gabriela Sabatini es de la Argentina. Ella juega al tenis porque es un deporte muy divertido.

Gigi Fernández es de Puerto Rico. Ella es la primera atleta profesional de Puerto Rico.

Mary Joe Fernández es de Miami, Florida. Es jugadora profesional, pero todavía va a la escuela y estudia mucho.

11

Panorama de vocabulario

Las personas en nuestra comunidad _____

la fábrica

la obrera

el obrero

Los obreros trabajan en la fábrica.

el almacén

el vendedor   la vendedora

Los vendedores venden ropa en el almacén.

el hospital   el médico   el paciente

la médica

la paciente

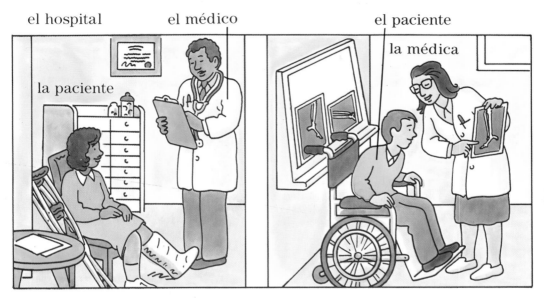

Los médicos examinan a los pacientes en el hospital.

la bombera   la estación de bomberos

el bombero   Los bomberos apagan incendios.

la policía

el departamento de policía

el policía

la gente

Los policías ayudan a la gente.

la compañía

la dueña

la empleada

el dueño

el empleado

Los dueños son los directores de la compañía.

Los empleados trabajan en las oficinas.

¡Aprende el vocabulario!

A. The gymnasium is filled with visitors for Career Day. Even though the visitors are wearing their work clothes, they need name tags.

Primero, mira el dibujo. Luego, escribe una oración sobre cada persona. Sigue el modelo.

Modelo:

Sr. Silva

Respuesta: **El Sr. Silva es médico.**

1.

Srta. Gómez

3.

Sr. Peña

5.

Sra. Castro

2.

Sr. Marín

4.

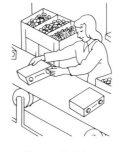

Sra. Solís

6.

Sr. Oteo

B. Imagine that you must introduce each person to the students. A good way to start is to state where each one works.

Primero, lee las oraciones. Luego, escoge las palabras que van con las oraciones. Por último, escribe las oraciones completas. Sigue el modelo.

una compañía	un almacén
una fábrica	una oficina
la estación de bomberos	el departamento de policía
un hospital	

Modelo: El Sr. Silva es médico. Trabaja en ——.

Respuesta: **El Sr. Silva es médico. Trabaja en un hospital.**

1. El Sr. Marín es vendedor. Trabaja en ——.

2. La Sra. Solís es obrera. Trabaja en ——.

3. El Sr. Peña es policía. Trabaja en ——.

4. La Srta. Gómez es bombera. Trabaja en ——.

5. La Sra. Castro es médica. Trabaja en ——.

6. El Sr. Oteo es dueño de ——. Trabaja en ——.

C. Griselda has bumped her head and now she is not sure what the people in your community do. Try to straighten her out.

Primero, lee la pregunta. Luego, forma dos respuestas. Sigue el modelo.

Modelo: La médica apaga incendios, ¿no?

Respuesta: **No. La médica examina a los pacientes. El bombero apaga incendios.**

1. La policía trabaja en el hospital, ¿no?

2. El vendedor trabaja en el departamento de policía, ¿no?

3. La obrera vende ropa en el almacén, ¿no?

4. El médico es el director de la compañía, ¿no?

5. Los empleados de la compañía trabajan en la estación de bomberos, ¿no?

D. A reporter from Vivavisión News is reporting live from the pencil factory. What is happening?

Primero, mira los dibujos. Luego, lee las oraciones completas. Sigue el modelo.

Modelo: ¡Hay un incendio en !

Respuesta: **¡Hay un incendio en la fábrica!**

1. y salen de .

2. y corren a la fábrica también.

3. El policía llama por teléfono al  .

4. Muy pronto examina a .

¡Qué bueno! ¡Ella está bien!

Los sonidos del idioma

Las consonantes: La **j**

Escucha y repite.

jalea	mojado
jefe	ajedrez
jinete	ají
joya	mejor
jugo	injusto

1. José y Julia toman jugo en el jardín.
2. Jaime sueña a ser un jinete en una jirafa.
3. Jorge y Juliana son dos jóvenes jugadores de ajedrez.
4. Es injusto que las joyas rojas brillen más fuerte los jueves.

¿Dónde están la señora y su nieto?

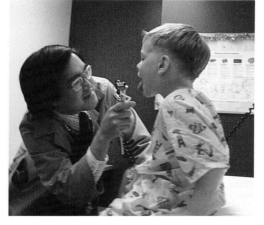

El niño visita al médico. ¿Cómo está el niño?

Talking about People You Know

Imagine that it is "Career Day" at school. Read the following questions and answers. What words do people use to talk about whom they know or don't know?

Pregunta: ¿**Conoces** a la Dra. Velasco?

Respuesta: Sí, **conozco** a la Dra. Velasco. Es médica.

Pregunta: ¿**Conocen** ustedes a los dueños de la fábrica?

Respuesta: No, no **conocemos** a nadie de la fábrica.

Pregunta: ¿Quién **conoce** al hombre alto?

Respuesta: Elena **conoce** al hombre.

All of the verbs in the questions and answers come from the infinitive **conocer.** Most of the verb forms are the same as those for regular **-er** verbs. One is different. Which one is it?

Study the chart of the verb **conocer.**

Conocer

Singular		Plural	
yo	**conozco**	nosotros, nosotras	conocemos
tú	conoces		
él ella usted	conoce	ellos ellas ustedes	conocen

Practice reading the following questions and answers:

Pregunta: ¿Conocen ustedes **a** la familia Mijares?

Respuesta: Yo conozco **a** los Mijares, pero Julio y Ana no conocen **a** la familia.

Pregunta: ¿Conoces **a** alguien en el departamento de policía?

Respuesta: No, no conozco **a** nadie.

Pregunta: ¿**A** quién conocen ustedes?

Respuesta: Conocemos **a** todos los alumnos de esta clase.

Pregunta: Roberto conoce **a** Susana, ¿verdad?

Respuesta: No, él no conoce **a** Susana.

How observant are you?

What word is in each question and answer with the verb **conocer**?

When the word **a** is used this way, it is called the personal **a.** Why do you think it is called this?

¡Vamos a practicar!

A. Imagine that you have just moved to a new neighborhood. One of your new friends knows some people in your old neighborhood. Do you know them too?

Lee la pregunta y contesta con **sí** o **no.** Sigue el modelo.

Modelo: ¿Conoces a Juan Hernández?

Respuesta: **No, no conozco a Juan.**

1. ¿Conoces a Lucy Higuero?

2. ¿Conoces a Ricky Suárez?

3. ¿Conoces a Lila Calderón?

4. ¿Conoces a la Dra. Baroja?

5. ¿Conoces al Sr. Lima?

6. ¿Conoces a Germán y Gregorio García?

Los obreros trabajan mucho. ¿Conoces a un obrero?

B. You go to a party and meet a new friend. She doesn't go to your school, but as it turns out, you have many friends in common. In fact, it seems that all of your friends know each other too!

Primero, lee la oración. Luego, completa la oración con una forma de **conocer.** Sigue el modelo.

> **Modelo:** Juan —— a mi prima Julia.
>
> **Respuesta:** **Juan conoce a mi prima Julia.**

1. Mateo y Rogelio —— a la maestra Ramírez.

2. Tú y yo —— a alguien en la clase de ciencias.

3. Roberto —— a Miriam.

4. Yo —— al dueño de la fábrica.

5. Ustedes —— a los López en la calle Rivadavia.

6. Tú —— a mi primo Horacio, ¿verdad?

C. It's a small world. You are having a conversation with Laura, and the two of you find that you have many acquaintances in common.

Primero, lee la pregunta y la respuesta. También lee las palabras entre paréntesis. Luego, completa la respuesta. Sigue el modelo.

> **Modelo:** P: ¿Conoces a Raúl Cordero?
>
> R: No conozco a Raúl, pero ——.
>
> (mi hermana / su hermana)
>
> **Respuesta:** R: **No conozco a Raúl, pero mi hermana conoce a su hermana.**

---

1. P: ¿Conoces a Sergio Fuentes?

   R: No conozco a Sergio, pero ———.

   (mi padre y yo / su tío)

2. P: ¿Conoces a Jorge Armas?

   R: No conozco a Jorge, pero ———.

   (mis padres / sus padres)

3. P: ¿Conoces a Irene Montoya?

   R: No conozco a Irene, pero ———.

   (mi prima / su hermano)

4. P: ¿Conoces a Andrea Martínez?

   R: No conozco a Andrea, pero ———.

   (mis hermanas / su tía)

5. P: ¿Conoces a Carlos Azcárate?

   R: No conozco a Carlos, pero ———.

   (mi amigo / su hermana)

¡A divertirnos!

¿Conoces estos programas de televisión?

1. **Super amigos.** Dibujos animados.

2. **Béisbol de las grandes ligas.** Directo.

3. **El escape de Tarzán.** Película.

4. **La mujer biónica.** Aventuras.

5. **Los Transformers.** Dibujos animados.

6. **Benji.** Aventuras.

Describing Events That Are Happening Right Now

Look at the following pictures and sentences. Imagine that what you see in the pictures is happening this very minute.

El obrero **está trabajando.**

Rita **está comiendo.**

Graciela **está subiendo** las escaleras.

El vendedor **está vendiendo** frutas.

In the sentences above, which verbs do you recognize?
In the sentences above, which words are new to you?

In each sentence, the verb **estar** is combined with a form of another verb. This form is called a gerund. You use **estar** and a gerund to describe actions that are happening right now.

Study the charts of how to make gerunds.

-ar Verbs

Infinitive	Gerund
ayudar = ayud + ar	ayudando = ayud + **ando**
trabajar = trabaj + ar	trabajando = trabaj + **ando**
examinar = examin + ar	examinando = examin + **ando**

-er Verbs

Infinitive	Gerund
comer = com + er	comiendo = com + **iendo**
vender = vend + er	vendiendo = vend + **iendo**
poner = pon + er	poniendo = pon + **iendo**

-ir Verbs

Infinitive	Gerund
subir = sub + ir	subiendo = sub + **iendo**
abrir = abr + ir	abriendo = abr + **iendo**
escribir = escrib + ir	escribiendo = escrib + **iendo**

What ending do you add to the stem to make the gerund of **-ar** verbs?

What ending do you add to the stem to make the gerund of **-er** verbs?

What ending do you add to the stem to make the gerund of **-ir** verbs?

Practice reading the following questions and answers:

Pregunta: ¡Francisco! ¿Qué haces ahora?
Respuesta: **Estoy ayudando** a papá.

Pregunta: ¿Dónde ponen ustedes los libros?
Respuesta: **Estamos poniendo** los libros en los estantes.

Pregunta: ¿Qué escribe Elisa?
Respuesta: **Está escribiendo** una carta.

Pregunta: ¿Qué hacen Emilio y Gerardo?
Respuesta: **Están lavando** los platos y los vasos.

Pregunta: ¿Qué haces, Paquita?
Respuesta: **Estoy jugando** con mis amigas, mamá.

Pregunta: ¿Qué hacen ustedes ahora, Juanito?
Respuesta: **Estamos abriendo** la ventana. ¡Hay un incendio en la cocina!

Pregunta: ¿Por qué **estás sacando** una foto?
Respuesta: **Estoy sacando** una foto porque ustedes son muy bonitas.

How observant are you?

Some of the verbs in the questions and answers are not on the charts. Which verbs do you recognize?

¡Vamos a practicar!

A. Little Pepito is frustrated. He wants to play but everyone else is busy. What do they say to him?

Primero, lee la pregunta. Luego, mira el dibujo y contesta la pregunta. Sigue el modelo.

Modelo: ¿Quieres jugar?

Respuesta: **No, Pepito. Estoy lavando la ropa.**

1. ¿Quiere usted jugar?

3. ¿Quieres jugar?

2. ¿Quieres jugar?

4. ¿Quiere usted jugar?

B. Since no one will play with him, Pepito has decided to ask people
what they are doing. How do they answer him?

Primero, lee la pregunta. Luego, mira el dibujo y contesta la
pregunta. Sigue el modelo.

Modelo:  ¿Qué hace usted?

Respuesta: **Estoy abriendo la puerta del garaje.**

1. ¿Qué haces tú?

3. ¿Qué hace usted?

5. ¿Qué haces tú?

2. ¿Qué haces tú?

4. ¿Qué hace usted?

6. ¿Qué haces tú?

C. Mercedes is complaining about everything today. Explain to her that you are taking care of her problems.

Lee la oración y completa la respuesta. Sigue el modelo.

Modelo: MERCEDES: Tengo hambre.

                     TÚ: —— la cena.

Respuesta: TÚ: **Estoy cocinando la cena.**

1. MERCEDES: La alfombra está sucia.

           TÚ: —— la aspiradora.

2. MERCEDES: Tengo calor.

           TÚ: —— la ventana.

3. MERCEDES: El piso está sucio.

           TÚ: —— el piso.

4. MERCEDES: Hay cosas en los muebles.

           TÚ: —— las cosas.

5. MERCEDES: Los platos no están en la mesa.

           TÚ: —— la mesa.

6. MERCEDES: La basura está en la cocina.

           TÚ: —— la basura.

7. MERCEDES: La ropa está en la cama.

           TÚ: . —— la ropa en el ropero.

8. MERCEDES: Ahora tengo frío.

           TÚ: —— las ventanas.

D. From your rooftop, you can see for miles! What are people doing?

Primero, lee las palabras. Luego, escribe una oración completa. Sigue el modelo.

Modelo: Los policías / ayudar / un muchacho.
Respuesta: **Los policías están ayudando a un muchacho.**

1. Los bomberos / apagar / un incendio.
2. Elisa / escribir / una carta.
3. El Sr. Romero / regar / las plantas.
4. La Sra. Martínez / vender / cosas en su garaje.
5. Chucho y Carlos / comer / helados.
6. Gerardo / barrer / el patio.
7. Los González / subir / las escaleras.
8. ¡Tú y yo / mirar / a la gente!

E. Little Paquita has come to school with you. She is very curious and wants to know what you are doing every minute.

Lee y contesta las preguntas. Sigue el modelo.

Modelo: ¿Qué estás haciendo ahora?
Respuesta: **Estoy escribiendo una respuesta.**
[Estoy limpiando el pupitre.]

1. ¿Qué estás haciendo ahora?
2. ¿Qué están haciendo tus amigos ahora?
3. ¿Estás escribiendo ahora?
4. ¿Qué está haciendo la profesora (el profesor)?

¡A conversar!

¿A quién conoces?

ELENA: Conozco a todas las personas de la comunidad.

LIDIA: No es cierto. ¿Conoces a un obrero?

ELENA: Sí. Ahora mismo mi primo Samuel está trabajando en la fábrica.

LIDIA: Está bien. ¿Conoces a un policía?

ELENA: Claro. Mi tía Angélica es policía.

LIDIA: No conoces a un médico, ¿verdad?

ELENA: Mi abuelo es médico. Examina a muchos pacientes.

LIDIA: Bueno. Allí están unos bomberos. Están apagando un incendio. ¿Conoces a un bombero?

ELENA: No, no conozco a un bombero. Pero tú no conoces a nadie.

LIDIA: ¿Yo? Pues, sí. El bombero es mi papá. ¡Hola, papá!

Preguntas

1. ¿Qué hace el primo de Elena?
2. ¿Quién es policía?
3. ¿Qué hace su abuelo?
4. Elena conoce a un bombero, ¿verdad?
5. ¿A quién conoce Lidia?

¡Conversa tú!

1. ¿Conoces a un policía?
2. ¿A quién quieres conocer?
3. ¿Conoces a muchos médicos?
4. ¿Vives cerca de un almacén?
5. Algún día, ¿quieres ser dueño de una compañía?

La cultura y tú

Vamos a una fábrica de tortillas

Hay muchas fábricas de tortillas en México y también en los Estados Unidos. Muchos mexicanos comen tortillas en todas las comidas. Es el pan mexicano. A otras personas les gustan las tortillas en tacos, burritos y quesadillas. ¿A ti te gustan las tortillas?

Esta fábrica está en Los Ángeles, California. Hay fábricas de tortillas en los Estados Unidos porque aquí comemos muchas tortillas en casa y en los restaurantes.

El hombre es un inspector del Departamento de Salud Pública. Inspecciona la fábrica de tortillas. Él inspecciona muchas fábricas todos los días. Habla con los dueños de las fábricas. También observa el trabajo de los empleados.

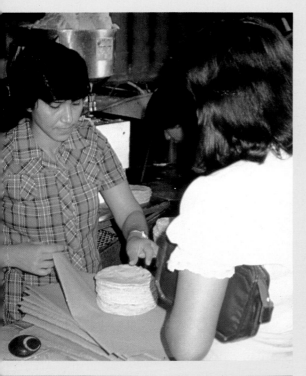

Esta fábrica está en México. Es una tienda de tortillas también. La señora trabaja en la fábrica y también vende las tortillas a la gente. Ella conoce a muchas personas de su comunidad.

La mujer de esta foto no trabaja en una fábrica. Ella vende las tortillas frescas al aire libre. Hay muchos vendedores y vendedoras que trabajan en los mercados y hasta en las calles. Son vendedores independientes.

Panorama de vocabulario

Vamos a conocer la ciudad _____

la chofera

el autobús

la parada de autobús

el taxista

el taxi

los semáforos

el coche

la avenida

abrochar los cinturones

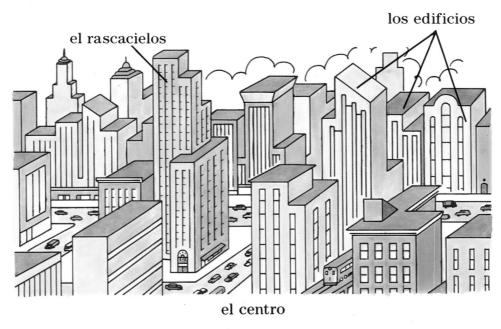

el rascacielos

los edificios

el centro

el teatro

ir a pie

la plaza

los automóviles

el mercado

el estacionamiento

la farmacia

la gasolinera

la calle

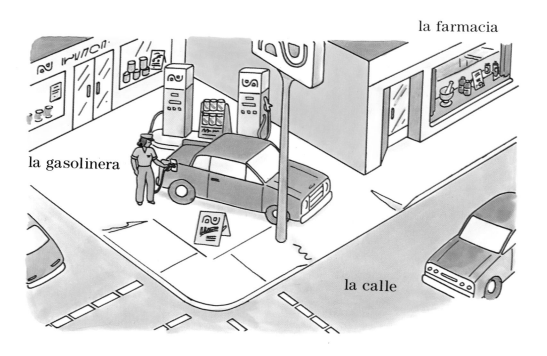

¡Aprende el vocabulario!

A. During a field trip to the city, Sra. Martínez has a hard time keeping track of all her students.

Primero, mira los dibujos y lee los nombres. Luego, contesta las preguntas. Sigue el modelo.

Modelo: ¿Dónde está Tomás?

Respuesta: **Tomás está en el centro.**

1. ¿Dónde está Diego?

2. ¿Dónde está Eva?

3. ¿Dónde están Elena y Paco?

4. ¿Dónde están Saúl y Marcos?

5. ¿Dónde está Sandra?

6. ¿Dónde está Pepe?

7. ¿Dónde están Tomás y Carlos?

8. ¿Dónde están Ana y Lisa?

B. Regina has written a rebus story about people who know her city well.

Primero, mira los dibujos. Luego, lee las oraciones completas. Sigue el modelo.

Modelo: conoce bien la ciudad.

Respuesta: **La taxista conoce bien la ciudad.**

1. Ella tiene que y mirar .

2. Maneja su por .

3. A veces tiene que ir a

4.   conoce la ciudad también.

5. La gente espera en  .

C. Francisco's family is on vacation in a big city. Each one wants to go to a different place, but no one knows whether to take a taxi, take the bus, or go on foot. Help Francisco decide what to do by answering his questions.

Primero, lee la pregunta. Luego, busca el lugar y la frase con **ir.** Por último, escribe la respuesta. Sigue el modelo.

Modelo: ¿Cómo va mi papá a la parada de autobús?

Respuesta: Tu papá va a pie a la parada de autobús.

1. ¿Cómo va mi tío a la plaza?
2. ¿Cómo voy yo al centro?
3. ¿Cómo va mi abuelita al almacén?
4. ¿Cómo va mi mamá a la escuela?
5. ¿Cómo va mi hermano al rascacielos?
6. ¿Cómo va mi abuelito a la farmacia?
7. ¿Cómo va mi tía al mercado?
8. ¿Cómo van mis primos al teatro?

ir en taxi	ir en autobús	ir a pie
el teatro	el centro	el mercado
la plaza	la farmacia	la parada de autobús
el rascacielos	la escuela	el almacén

D. How well do you know your town? Choose a partner. Pretend that one of you is a long-lost cousin who is visiting you for the first time. The cousin wants to know where you live and all about your area. He or she asks five questions, and then you both switch roles.

Escoge a un compañero o una compañera. Primero, haz cinco preguntas. Luego, contesta las preguntas de tu compañero. Lee el modelo.

Modelo:

TÚ:	¿Dónde está tu apartamento, en una calle o en una avenida?
ALUMNO:	El apartamento está en una calle.
TÚ:	¿Hay semáforos en la calle?
ALUMNO:	Sí, hay dos semáforos en la calle.
TÚ:	¿Hay muchos edificios en la calle?
ALUMNO:	No, no hay muchos edificios en la calle.
TÚ:	¿Vas al teatro en automóvil?
ALUMNO:	No. Voy al teatro a pie.
TÚ:	¿Conoces bien la ciudad?
ALUMNO:	Sí, conozco bien la ciudad.

¿Hay muchos coches en esta avenida?

Los sonidos del idioma

Las consonantes: La g

Escucha y repite.

guerra	pagué	guisantes	águila
guerrilla	juguetes	guitarra	seguida
hamburguesa	Miguel	Guillermo	Dieguito

1. Guillermo toca la guitarra.
2. Miguel come una hamburguesa y unos guisantes.
3. Olguita compra juguetes para Dieguito.
4. El águila se para en la manguera en seguida.

Hay muchas cosas bonitas. ¿Qué puedes comprar aquí?

¿Dónde están ellos? ¿Cuántos niños hay aquí?

Talking about More Actions

Read the sentences below the pictures. All the verbs come from the
infinitive **pedir.**

Singular   Plural

Siempre **pido** sopa para
el almuerzo.

Nunca **pedimos** pescado en
el mercado.

¿Qué **pides** para el desayuno?

Él **pide** ayuda a la policía.

Ellas **piden** ayuda a la taxista.

What kind of verb is **pedir**—regular, irregular, or stem-changing?

Study the charts of some **e** to **i** stem-changing verbs.

Singular

	pedir	**servir**	**seguir**
yo	pido	sirvo	sigo
tú	pides	sirves	sigues
él ella usted }	pide	sirve	sigue

Plural

	pedir	**servir**	**seguir**
nosotros, nosotras	pedimos	servimos	seguimos
vosotros, vosotras	pedís	servís	seguís
ellos ellas ustedes }	piden	sirven	siguen

Practice reading the following questions and answers:

Pregunta: ¿Qué quieres **pedir**?

Respuesta: **Pido** ayuda con un problema de matemáticas.

Pregunta:	¿Qué **sirven** ustedes para la cena?
Respuesta:	Siempre **servimos** pollo o carne, legumbres, ensalada y helado.
Pregunta:	¿Por qué no **siguen** los modelos de los ejercicios?
Respuesta:	Ellos no **siguen** los modelos porque no les gusta leer.
Pregunta:	¿Qué **pide** su papá en la gasolinera?
Respuesta:	**Pide** diez galones de gasolina.
Pregunta:	¿Qué **sirven** los cocineros de la escuela?
Respuesta:	Siempre **sirven** almuerzos deliciosos.
Pregunta:	Señor, ¿por qué **sigue** usted el autobús?
Respuesta:	**Sigo** el autobús porque no conozco esta calle.

¡Vamos a practicar!

A. Imagine that Sr. Migaja, your best friend's father, owns a restaurant. One day, half of the workers are out with the flu. You and all your friends have offered to help. Tell Sr. Migaja who is serving the food.

Primero, lee la oración. Luego, completa la oración con una forma de **servir.** Sigue el modelo.

Modelo:	Rafael —— arroz con pollo.
Respuesta:	**Rafael sirve arroz con pollo.**

1. Isabel —— café a los policías.
2. Natán y Daniel —— la cena a los muchachos.
3. Yo —— hamburguesas y leche a los obreros.

4. Teresa y Rosalía —— helados a las señoras.

5. Marcos —— huevos revueltos.

6. Eduardo y yo —— carne a la dueña del restaurante.

B. Your parents have decided to take the whole family out for dinner. Tell the waiter what everyone wants.

Primero, lee el nombre. Luego, mira el dibujo. Por último, escribe una oración con el nombre y una forma de **pedir.** Sigue el modelo.

Modelo: Mis padres —— .

Respuesta: **Mis padres piden pollo.**

1. Mi tío —— .

2. Yo —— .

3. Mis hermanos —— .

4. Mi hermana y yo —— .

5. Mis hermanos y yo —— .

C. Imagine that you are planning a parade. Who will follow whom?

Primero, escoge un nombre o unos nombres. Luego, escribe una oración con una forma de **seguir.** Escribe cinco oraciones. Sigue los modelos.

Adela	Juana y Gertrudis
el equipo de béisbol	veinte perros
Víctor y Verónica	los maestros
Humberto y yo	tú
los jugadores de fútbol	Edilberto
el conserje	el coche rojo

Modelo: **1.** El conserje sigue el coche rojo.

2. Tú sigues a Víctor y Verónica.

3. Los maestros siguen a veinte perros.

4. Humberto y yo seguimos a los jugadores de fútbol.

5. Edilberto sigue a Juana y Gertrudis.

Hay un camión viejo y muchas ovejas. Las ovejas siguen el camión, ¿verdad?

Giving Commands or Instructions

Read the sentences below the pictures. In each picture, what is one person giving to another person?

doblar

comer

abrir

¡**Dobla** aquí!

¡**Come** las legumbres!

¡**Abre** la ventana!

Compare the verbs in the following sentences. Which form of a verb can you use to give a command or instruction?

Iris siempre **abrocha** el cinturón en el coche.

¡**Abrocha** tu cinturón, Marcos!

Luis **corre** a la parada de autobús.

¡**Corre,** Daniela! Aquí está el autobús.

Rosa **escribe** la respuesta en la pizarra.

Pancho, ¡**escribe** las preguntas en tu cuaderno!

All of these command forms are called familiar commands. That means you can use them with people your own age, friends, classmates, and members of your family. In other words, if you talk to someone in the **tú** form, you can use familiar commands with that person.

Study the following chart of commands.

	Infinitive	Él / Ella	Familiar Command
-ar verbs	ayudar	ayuda	**¡ayuda!**
-er verbs	vender	vende	**¡vende!**
-ir verbs	subir	sube	**¡sube!**

Practice reading the following examples of familiar commands:

Pregunta: ¿Cómo puedo ayudar, mamá?

Respuesta: **Recoge** las cosas en el piso, por favor.

Pregunta: Juan, ¿cómo voy a la farmacia?

Respuesta: **Camina** por esta calle. Luego **dobla** en la próxima calle.

Pregunta: Tengo que ir al teatro. ¿Dónde está el teatro?

Respuesta: No sé. **Sigue** a Carmen. Ella sí sabe.

Pregunta: ¿Puedo ir al cine, papá?

Respuesta: Sí, puedes ir. Primero, **saca** la basura.

Pregunta: ¿Qué tengo que hacer para la clase de ciencias?

Respuesta: Primero, **lee** la lección. Luego, **escribe** las respuestas a diez preguntas. ¡Es muy fácil, Dolores!

¡Vamos a practicar!

A. Before Eugenia leaves for school, her mother gives her a list of chores and things she has to do. What did her mother tell her this morning?

Primero, lee la frase. Luego, forma una oración. Sigue los modelos.

> **Modelo:** pasar la aspiradora
> **Respuesta:** **¡Pasa la aspiradora!**

> **Modelo:** comer una manzana
> **Respuesta:** **¡Come una manzana!**

1. lavar los platos
2. barrer el piso
3. escribir una carta
4. leer tus lecciones
5. abrir el garaje
6. planchar tu ropa

¡A divertirnos!

• •

Una aventura

B. You and doña Rosita are talking on the telephone. She is giving you some good advice, but the connection is so bad, you hardly hear some of her words. Finish her sentences.

Primero, lee la oración. Luego, lee la palabra entre paréntesis. Por último, completa la oración. Sigue el modelo.

Modelo: —— muchas legumbres. (comer)
Respuesta: Come muchas legumbres.

1. —— un libro cada semana. (leer)
2. Siempre —— tres vasos de leche al día. (beber)
3. —— tus cosas cada noche. (recoger)
4. —— una hora cada día. (estudiar)
5. —— en el gimnasio, no en la casa. (correr)
6. —— ayuda si no sabes la respuesta. (pedir)
7. Cada semana, —— una carta a tus primos. (escribir)
8. Siempre —— el desayuno. (tomar)

C. Everybody is always telling you what to do. What do these people tell you to do?

Primero, lee el nombre de la persona. Luego, lee la lista. Por último, escribe una oración con una frase de la lista. Sigue el modelo.

leer muchos libros	comprar la ropa
correr en el gimnasio	escribir la respuesta
abrochar el cinturón	mirar la televisión

Modelo: La bibliotecaria

Respuesta: **La bibliotecaria: Lee muchos libros.**

1. Tu papá o tu mamá
2. El chofer
3. El maestro o la maestra de educación física
4. La maestra o el maestro de español
5. El vendedor
6. Tu amigo o tu amiga

D. Tired of taking orders? Well, now you have Roberto el Robot to do anything you want. What do you tell Roberto to do?

Escribe diez oraciones para Roberto. Primero, lee cinco ejemplos.

1. ¡Roberto! Cocina una hamburguesa.
2. ¡Roberto! Recoge mis cosas.
3. ¡Roberto! Saca la basura.
4. ¡Roberto! Abre la puerta.
5. ¡Roberto! Escribe las respuestas.

Talking about Directions

Study the phrases below the pictures.

a la izquierda   **derecho**   **a la derecha**

Now practice reading some commands that use directions:

¡**Dobla** a la izquierda!

Camina a la izquierda del rascacielos.

Sigue derecho por esta calle.

¡**Corre** derecho!

Dobla a la derecha, por favor.

Abre la ventana a la derecha.

¡Vamos a practicar!

A.   Gisela Márquez wants to go to the Plaza Hernández, but she is lost.
     Show her your map and tell her how to get where she is going.

Primero, lee la oración. Luego, mira el mapa y completa la
oración. Sigue el modelo.

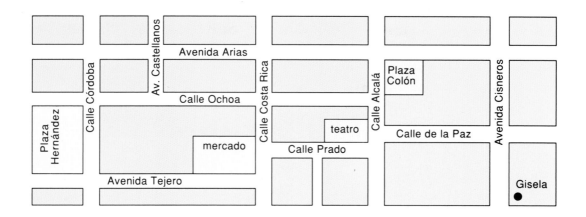

Modelo: Dobla —— en la Avenida Cisneros.

Respuesta: **Dobla a la derecha en la Avenida Cisneros.**

1. Sigue —— por la Avenida Cisneros.
2. Dobla —— en la Avenida Arias.
3. Pasa —— de la Plaza Colón.
4. Dobla —— en la Avenida Castellanos.
5. Dobla —— en la Calle Ochoa.
6. Sigue —— por la Calle Ochoa. ¡Y ya está!

B. Now Gisela would like to get from the Plaza Hernández to the theater. Use your map to tell her how to get there.

Primero, mira el mapa. Luego, da las instrucciones a Gisela. Sigue el modelo.

Modelo: Dobla a la derecha en la Calle Córdoba.

Sigue derecho por la Calle Córdoba...

Vamos a leer

Letreros de las ciudades

Hay muchos edificios y muchos lugares en una ciudad. Hay tiendas, teatros, cines y oficinas. ¿Cuáles son algunos lugares de una ciudad? Lee los letreros y vas a saber.

La cultura y tú

Visitamos el parque del Retiro

El parque del Retiro está en Madrid, la capital de España. El Retiro está muy cerca del centro de la ciudad. La gente va al parque para practicar los deportes, para almorzar o simplemente para caminar. En este parque grande hay un museo y muchos jardines.

En el Retiro también hay un estanque. Las personas pueden alquilar botes para remar en el estanque. Durante los fines de semana, el estanque es un lugar muy popular. Las personas miran el agua, reman o pasan el tiempo con sus amigos.

Panorama de vocabulario

El transporte

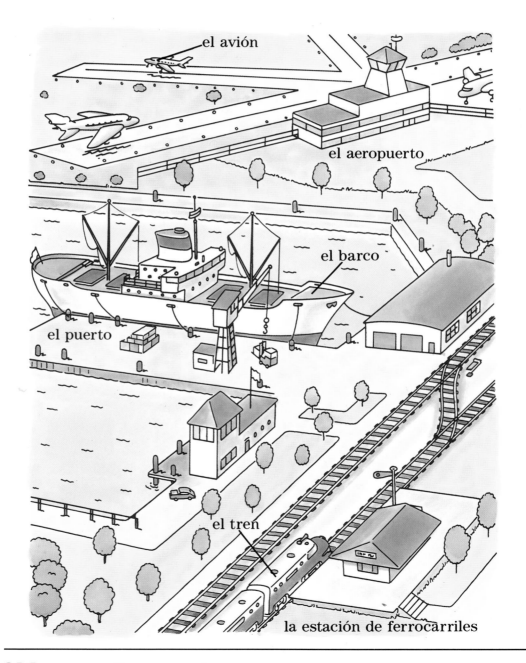

el avión

el aeropuerto

el barco

el puerto

el tren

la estación de ferrocarriles

Otras comunidades

Canadá

Estados Unidos

México

Venezuela

Colombia

Ecuador

Perú

Bolivia

Brasil

Paraguay

Uruguay

Chile

Argentina

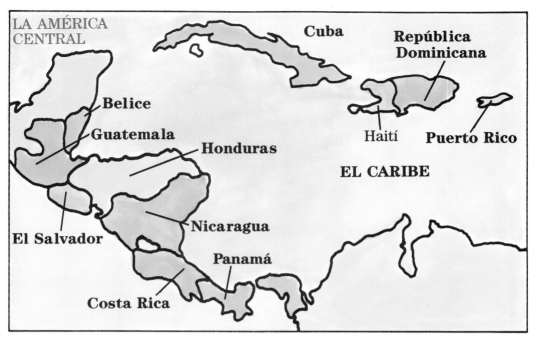

LA AMÉRICA CENTRAL

Cuba

República Dominicana

Belice

Guatemala

Honduras

Haití

Puerto Rico

EL CARIBE

El Salvador

Nicaragua

Panamá

Costa Rica

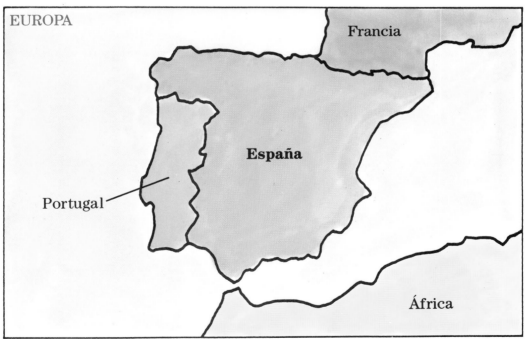

EUROPA

Francia

España

Portugal

África

¡Aprende el vocabulario!

A. Esperanza has received three postcards from friends who are on vacation. Help her figure out what her friends have written.

Primero, lee las oraciones y mira los dibujos. Luego, escribe las oraciones completas. Sigue el modelo.

Modelo: Estoy en

Respuesta: **Estoy en un autobús.**

1. ¡Hola, Esperanza! Estoy en . En quince minutos

 sale para España. ¡Qué emoción! Adiós, Juan.

2. ¡Esperanza! Mi familia y yo estamos en Colombia. Mañana tomamos

 a Bogotá. Tenemos que estar en a las

siete de la mañana. Con cariño, Lucía.

3. Esperanza, estoy en  . ¡Hace muy buen tiempo! Voy en

 grande de Puerto Rico a Venezuela. Hasta la vista,

Ricardo.

B. Your school is sponsoring "Una Fiesta Internacional" for one week. There are hundreds of visitors at the school. You only have to introduce some of them at the school assembly.

Primero lee las oraciones. Luego, completa la última oración. Sigue el modelo.

Modelo: Raúl y Lola son de Bolivia. Él es boliviano. Ella es ———.

Respuesta: Ella es boliviana.

1. Carmelita y Álvaro son de México. Ella es mexicana. Él es ———.

2. Bernardo y Tania son de Puerto Rico. Él es puertorriqueño. Ella es ———.

3. Beatriz y Fernando son del Perú. Ella es peruana. Él es ———.

4. Carlos y Adriana son de España. Él es español. Ella es ———.

5. Mariela y Martín son de Venezuela. Ella es venezolana. Él es ———.

6. Ignacio y Diana son del Uruguay. Él es uruguayo. Ella es ———.

7. Julia y Guillermo son de la Argentina. Ella es argentina. Él es ———.

8. David y Linda son de los Estados Unidos. Él es estadounidense. Ella es ——— también.

C. Other students will introduce visitors, too. Help them prepare their notes.

Primero, lee la oración y la pregunta. Luego, contesta la pregunta. Sigue el modelo.

Modelo: Mireya es boliviana. ¿De dónde es Mireya?
Respuesta: **Mireya es de Bolivia.**

1. Pepe es guatemalteco. ¿De dónde es Pepe?
2. Bárbara es salvadoreña. ¿De dónde es Bárbara?
3. Yolanda es ecuatoriana. ¿De dónde es Yolanda?
4. Marcos es chileno. ¿De dónde es Marcos?
5. Paula es paraguaya. ¿De dónde es Paula?
6. Pablo es costarricense. ¿De dónde es Pablo?
7. Cathy es canadiense. ¿De dónde es Cathy?
8. Ricardo es dominicano. ¿De dónde es Ricardo?

Paraguay	El Salvador
la República Dominicana	Costa Rica
Guatemala	el Canadá
el Ecuador	Chile

D. The Explorers' Club is planning a long trip. The Planning Committee needs your help to locate different countries. You may use a map to answer the questions.

Lee y contesta las preguntas. Sigue el modelo.

Modelo: ¿Qué país está más cerca del Canadá? ¿México o los Estados Unidos?

Respuesta: **Los Estados Unidos está más cerca del Canadá.**

1. ¿Qué país está más cerca de Puerto Rico? ¿Cuba o España?
2. ¿Qué país está más cerca de México? ¿Bolivia o Nicaragua?
3. ¿Qué país está más cerca de Bolivia? ¿Venezuela o el Perú?
4. ¿Qué país está más cerca de Chile? ¿Costa Rica o la Argentina?
5. ¿Qué país está más cerca de Paraguay? ¿Guatemala o el Canadá?
6. ¿Qué país está más cerca de Venezuela? ¿México o Belice?
7. ¿Qué país está más cerca de Colombia? ¿Panamá o Chile?
8. ¿Qué país está más cerca de los Estados Unidos? ¿Honduras o el Ecuador?

Estos hombres son gauchos argentinos. ¿De dónde son los gauchos?

Los sonidos del idioma

Las consonantes: La **ll** y la **y**

Escucha y repite.

llamada	calle	yodo	subrayar
llorar	pollito	yegua	papaya
lluvia	gallina	Yugoslavia	vaya

1. La llama amarilla llora en la calle.
2. Yasmina da la papaya a la yegua.
3. El pollito oye la llamada de la gallina.
4. El llano ya estaba en llamas cuando cayó la lluvia.

Esta niña es de Colombia. ¿Es colombiana?

¿Dónde hay muchos aviones? ¿Piensas tú viajar en avión?

Using Names of Countries and Nationalities

Read the following sentences. Which words begin with capital letters—the names of countries or the words for nationalities?

Sebastián es de **Chile**. Es **chileno**.

Somos de **los Estados Unidos**. Somos **estadounidenses**.

Jorge y Felipa son de **Bolivia**. Son **bolivianos**.

Tú eres de **Venezuela**. Eres **venezolana**.

Ellos son de **Costa Rica**. Son **costarricenses**.

When you write the name of a country, do you use a capital letter or a lowercase letter?

When you write the name of a nationality, do you use a capital letter or a lowercase letter?

How observant are you?

Look at the sentences above. When you talk about where you are from, what word do you use with the form of the verb **ser**?

Now read a list of countries. What words come before the names of these countries?

la Argentina

el Brasil

el Ecuador

los Estados Unidos

el Paraguay

el Perú

la República Dominicana

el Uruguay

Remember that the words **el, los, la,** and **las** are definite articles. You use definite articles only with the names of certain countries, like the ones in the list.

Practice reading the following questions and answers:

Pregunta:	¿Dónde están Guatemala y el Uruguay?
Respuesta:	Guatemala está en la América Central. El Uruguay está en la América del Sur.
Pregunta:	¿De dónde son ustedes?
Respuesta:	Somos de Honduras. Somos hondureños.
Pregunta:	El Sr. Vargas es del Perú, ¿verdad?
Respuesta:	No, él no es peruano. Es boliviano.
Pregunta:	¿De dónde son Roberto y Adriana?
Respuesta:	Son de los Estados Unidos. Viven en la Florida.
Pregunta:	¿Dónde está la ciudad de Asunción?
Respuesta:	Está en el Paraguay. Asunción es la capital del Paraguay.

¡Vamos a practicar!

A. Your friend Guillermo wasn't paying attention when your teacher introduced the new foreign exchange students. Help him get everyone's nationality straight.

Primero, lee la pregunta y el nombre del país entre paréntesis. Luego, contesta la pregunta con el nombre del país. (¡Cuidado con **el, los, la** y **las**!) Sigue el modelo.

Modelo: Éster y Paco son canadienses, ¿verdad?

(República Dominicana)

Respuesta: No, Éster y Paco son de la República Dominicana.

1. Magdalena y Susana son españoles, ¿verdad?   (Bolivia)
2. Leo y Toni son cubanos, ¿verdad?   (Colombia)
3. Mike y Linda son colombianos, ¿verdad?   (Estados Unidos)
4. Lidia y Roberto son uruguayos, ¿verdad?   (Brasil)
5. Marc y Jacques son dominicanos, ¿verdad?   (Canadá)
6. Pedro y Rogelio son venezolanos, ¿verdad?   (España)
7. Zulema y Antonio son bolivianos, ¿verdad?   (Venezuela)
8. Alicia y Héctor son estadounidenses, ¿verdad?   (Uruguay)
9. Manuel y Aurelia son puertorriqueños, ¿verdad?   (Perú)
10. Dorotea y Elisa son brasileñas, ¿verdad?   (Argentina)

Los bomberos venezolanos van a un incendio. ¿De qué país son ellos?

Making Connections

Study the sentences below the pictures.

Vamos a México **en** avión.

Voy al centro **en** tren.

Van a Puerto Rico **en** barco.

What word in each sentence connects where people are going with how they are going?

The word **en** is a preposition, just like the words **con, sobre,** and **cerca de.** The preposition **en** helps make many connections. Practice reading the following examples:

El Sr. López está **en** el aeropuerto.
Nosotros estamos **en** el coche.

¿Vas al teatro **en** autobús?
Vamos a Venezuela **en** avión.

Me voy de la casa **en** dos minutos.
En una hora comienza el programa de televisión.

Mi tío Aurelio trabaja **en** una fábrica.
¿Estudias mucho **en** la biblioteca?

¡Vamos a practicar!

A. It's vacation time! Everyone is going somewhere exciting. How will they be traveling?

Primero, lee el nombre o los nombres. Luego, mira el dibujo. Por último, forma una oración.

Modelo: Nely y Roberto

Respuesta: **Nely y Roberto van en avión.**

1. Juanita

3. Claudia y Virginia

2. Los Benítez

4. Fernando y su tío

B. Just imagine! You have won a free trip to Latin America. Each time you leave for a new place, you send a postcard home. Tell your friends where you are, where you are going, and how you will get there.

Primero, mira el dibujo y escribe la primera oración. Luego, lee las palabras y escribe otra oración. Sigue el modelo.

Modelo: Perú / tren

Respuesta: **a. Estoy en la estación de ferrocarriles.**

b. Voy al Perú en tren.

1.  Ecuador / avión

2.  Islas de Galápagos / barco

3.  Bolivia / autobús

4. 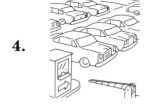 Paraguay / coche

5.  Uruguay / tren

¡A divertirnos!

No es lo mismo . . .

Un plato en Chile que
un chile en un plato.

Un avión en Los Ángeles que
los ángeles en un avión.

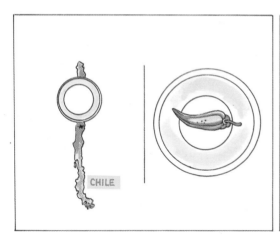

Vamos a leer

¿Cómo es la gente de habla española? _____

Millones de personas hablan español. ¿Cómo son ellos? ¿Qué hacen?

Unos jóvenes venezolanos se divierten.

Este hombre peruano vende pescado.

Esta familia española vive lejos de la ciudad.

Estas policías mexicanas trabajan en la capital.

Este chileno vive en la ciudad de Valparaíso.

Dos muchachos bolivianos están jugando.

La cultura y tú

Viajamos en tren

En muchos países los trenes son un medio de transporte muy importante. En las ciudades, las personas pueden tomar el metro. El metro es un tren subterráneo.

Este metro de Santiago, Chile, es muy moderno. Las personas toman el metro para ir al trabajo y a la escuela. Un viaje en el metro es muy rápido y fácil.

Las personas que no viven en las ciudades toman los trenes también. Todos los días, los trenes llevan a la gente a las ciudades, a las tiendas y a las escuelas.

Este tren de Costa Rica es muy importante para las personas que viven lejos de las ciudades grandes.

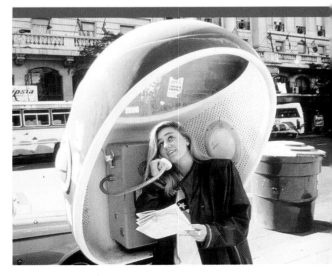

A. Una conversación por teléfono

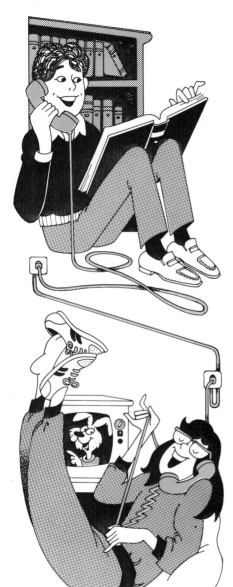

CARLOS: ¡Diga!

ANITA: Hola, Carlos. Habla Anita.
¿Cómo estás?

CARLOS: Bien, bien. ¿Qué me cuentas?

ANITA: Estoy en casa con mis hermanos y no
sabemos qué hacer. ¿Qué haces tú?

CARLOS: Estoy estudiando. Tengo un examen
de geografía el lunes.

ANITA: ¿Qué más?

CARLOS: Voy a pedir permiso para ir a la casa
de José Luis. Somos compañeros de
clase. Vamos a escribir un reporte
sobre el departamento de policía.

ANITA: Estudias mucho, ¿verdad?

CARLOS: Sí. Estudiar es mi pasatiempo favorito.
Quiero ser experto en todo.

ANITA: Bueno, pero hoy es sábado. Tienes
que hacer algo divertido.

CARLOS: Estudiar es divertido. ¡Estudia tú y
vas a saber!

ANITA: A lo mejor miro la televisión con mis
hermanos. Voy a ser experta en
dibujos animados. ¡Hasta luego,
Carlos!

CARLOS: Hasta luego, Anita.

Preguntas

1. ¿Dónde está Anita?

2. ¿Qué hace Carlos? ¿Por qué?

3. ¿Por qué va Carlos a la casa de José Luis?

4. ¿Cuál es el pasatiempo favorito de Carlos?

5. ¿Qué va a hacer Anita?

B. ¿Y tú?

How do you spend your Saturdays? Inquisitive minds want to know!

Primero, lee y contesta las preguntas en tus palabras. Luego, escribe las respuestas en oraciones completas.

1. ¿Qué haces tú los sábados por la mañana?

2. ¿Qué haces los sábados por la tarde?

3. ¿Qué haces los sábados por la noche?

4. ¿Te gustan los sábados? ¿Por qué?

5. ¿Cuál es tu pasatiempo favorito?

6. ¿Cuál es tu juego favorito?

7. ¿Te gustan los deportes? ¿Cuál te gusta más?

8. Generalmente, ¿a qué hora te despiertas los sábados?

9. Generalmente, ¿a qué hora te acuestas los sábados?

10. ¿Conoces a muchas personas? ¿Qué haces con otras personas los sábados?

C. ¿Qué están haciendo las personas? _____

Imagine that you're a reporter for the feature section of the newspaper. You are doing a photo article about people's activities on a Saturday. You have the photos; now you must write the captions.

Primero, mira las fotos. Luego, escribe una o dos oraciones sobre cada foto. (Lee la lista de preguntas si necesitas ayuda.)

1.

2.

3.

4.

5.

6.

¿A quién está examinando el médico?

¿Qué están estudiando los muchachos?

¿Qué están jugando las personas?

¿Tiene hambre el hombre? ¿Qué está comiendo?

CH. ¡Tienes que seguir las instrucciones! _____

Sometimes you have to do things in a certain order. Tell Pepito what he has to do and the order in which he should do it.

Primero, lee la pregunta y las frases. Luego, forma unas oraciones con **primero, luego** y **por último.** Escribe tus respuestas. Sigue el modelo.

Modelo: ¿Cómo limpio la alfombra de la sala?
- a. pasar la aspiradora
- b. recoger las cosas de la alfombra
- c. sacar la aspiradora del ropero

Respuesta:
- a. **Primero, recoge las cosas de la alfombra.**
- b. **Luego, saca la aspiradora del ropero.**
- c. **Por último, pasa la aspiradora.**

1. ¿Cómo cocino un pavo?
   - a. comer el pavo
   - b. sacar el pavo del refrigerador
   - c. cocinar el pavo

2. ¿Cómo compro una camiseta?
   - a. buscar el departamento de ropa
   - b. entrar al almacén
   - c. comprar una camiseta

3. ¿Cómo voy a la oficina del director?
   - a. pasar por la entrada
   - b. subir las escaleras a la oficina
   - c. seguir por el pasillo

4. ¿Cómo estudio?
   - a. contestar las preguntas
   - b. leer la lección
   - c. abrir el libro

D. ¿Cómo puedes ir?

How many ways can you go to different places?

Primero, lee la pregunta. Luego, piensa en dos maneras en que puedes ir de un lugar a otro. Por último, contesta la pregunta. Sigue el modelo.

Modelo: ¿Cómo puedes ir a la República Dominicana?
Respuesta: **Puedo ir en avión y puedo ir en barco.**

1. ¿Cómo puedes ir a España?
2. ¿Cómo puedes ir a un parque?
3. ¿Cómo puedes ir al almacén?
4. ¿Cómo puedes ir a Puerto Rico?
5. ¿Cómo puedes ir a la casa de un amigo?
6. ¿Cómo puedes ir al centro?
7. ¿Cómo puedes ir a una farmacia?
8. ¿Cómo puedes ir al Canadá?
9. ¿Cómo puedes ir a la escuela?
10. ¿Cómo puedes ir a la capital de los Estados Unidos?

en coche

en avión

a pie

en tren

en autobús

en barco

en taxi

E. ¿Adónde vas?

Imagine that you're going to one of the places in activity D. Write a paragraph about where you are going and how you will get there.

Primero, escoge un lugar. Luego escribe unas oraciones sobre tu viaje. Lee los modelos en la siguiente página.

Voy al Canadá

Voy a ir al Canadá con mi familia. Primero, vamos a la estación de ferrocarriles. Luego, subimos al tren. No hay muchas personas en el tren.

Voy a la casa de Carmen Rosa

A veces voy a pie a la casa de mi amiga Carmen Rosa. Ella vive muy cerca. Me voy de mi casa y doblo a la derecha. Camino derecho y paso cuatro casas. A la izquierda está la casa verde de Carmen Rosa.

F. ¡Ojo! _____

How observant are you? Read the instructions and look closely at the pictures to answer the questions.

Mira las fotos y contesta las preguntas. La foto a la izquierda es de España. La foto a la derecha es de México.

1.

2.

a. ¿Cómo van al centro estas personas?

b. ¿Qué tiempo hace?

c. ¿Cómo se llama el río?

d. ¿De qué país son las personas?

a. ¿Cómo van al centro estas personas?

b. ¿Hay muchas o pocas personas en la foto?

c. ¿De qué color es el tren?

d. ¿De qué país son las personas?

G. Vamos a leer sobre algunas comidas _____

Los mexicanos comen tortillas. Los estadounidenses comen pan. Pero los colombianos y los venezolanos comen arepas. En esta foto hay un almuerzo delicioso—dos sándwiches de arepas y un jugo de guayaba. La guayaba es una fruta tropical.

En el día de Acción de Gracias, las personas en los Estados Unidos preparan el pavo asado. Es una cena especial para un día de fiesta.

Los churros son muy populares en muchos países. En la foto a la izquierda, unos vendedores peruanos venden churros dulces. En la foto a la derecha, hay una tienda chilena de churros rellenos. Esos churros son rellenos de manjar, mermelada o queso. Muchas personas comen churros para el desayuno.

H. ¿Qué comes tú?

Imagine that a friend of the family wants to open a restaurant especially for young people. First, she must do some research. How do you answer her questions?

Primero, lee las preguntas. Luego, escribe las respuestas en tus palabras.

1. ¿A qué hora tomas el desayuno?
2. ¿Qué comes para el desayuno durante la semana?
3. ¿Qué comes para el desayuno los fines de semana?
4. ¿A qué hora almuerzan tus amigos y tú?
5. Generalmente, ¿qué quieren comer para el almuerzo?
6. ¿Comen ustedes muchas legumbres?
7. ¿A ustedes les gustan las ensaladas?
8. ¿A qué hora es la cena en tu casa?
9. ¿Tu familia y tú comen mucho o poco para la cena?
10. ¿Qué comen para la cena los fines de semana?
11. ¿Cuál es tu comida favorita—el desayuno, el almuerzo o la cena?
12. ¿Qué te gusta más, comer dentro de la casa o fuera de la casa?

I. ¿Qué sirves tú?

Imagine that you are the manager of the new restaurant. What foods do your customers ask for? What foods do you serve?

Escribe cinco oraciones para contestar la pregunta **¿Qué piden las personas?** Luego, escribe cinco oraciones para contestar la pregunta **¿Qué sirves a las personas?**

J. Una calamidad cómica _____

The water pipes have burst in the Ortega house! They are moving all their furniture and belongings into the yard. How do you describe the scene in the yard?

Primero, mira el dibujo. Luego, contesta la pregunta. Sigue el modelo.

Modelo: ¿Dónde está el horno de microondas?

Respuesta: **El horno de microondas está sobre el sofá.**

1. ¿Dónde están los platos y las tazas?
2. ¿Dónde está el gato?
3. ¿Dónde está la aspiradora?
4. ¿Dónde está el televisor?
5. ¿Dónde está el perro?
6. ¿Dónde están las sillas?
7. ¿Dónde está el radio?
8. ¿Dónde está el teléfono?

Now who is bringing out more belongings? Where are they putting them?

Mira el dibujo y contesta las preguntas. Sigue el modelo.

Modelo: ¿Qué trae Susana?

Respuesta: **Susana trae platillos y vasos.**

1. ¿Qué trae Pablo?
2. ¿Qué trae la abuela?
3. ¿Qué traen el papá y el abuelo?
4. ¿Qué trae la mamá?
5. ¿Qué trae Rodolfo?
6. ¿Quién pone el espejo cerca del tocador?
7. ¿Quién pone los platillos sobre la cama?
8. ¿Quién pone el estante cerca del coche?

K. ¡Ahora comienza el trabajo!

Finally, the plumber has fixed the broken pipes in the Ortega's house. But what a mess inside! There's so much work to do, Sra. Ortega has made a chart of everyone's chores.

Primero, lee las listas. Luego, escoge tres cuartos y escribe una oración para cada actividad. Sigue el modelo.

La cocina

Barrer el piso: Papá

Limpiar el piso: Susana

Sacar la basura: Rodolfo y Pablo

La sala

Quitar el polvo: Abuela y Papá

Pasar la aspiradora: Mamá

Recoger las cosas: Pablo

Los cuartos de baño

Limpiar el piso: Susana

Sacar la basura: Rodolfo y Pablo

Limpiar los espejos: Mamá

Recoger las cosas: Rodolfo

Los dormitorios

Recoger las cosas: Abuelo y Pablo

Pasar la aspiradora: Susana

Colgar la ropa: Rodolfo y Mamá

El sótano

Limpiar el piso: Papá y Rodolfo

Lavar y secar la ropa: Abuelo

Planchar la ropa: Mamá

Modelo: **Los cuartos de baño**

1. Susana tiene que limpiar el piso.

etcétera

L. ¿Cómo es un día típico?

What is a typical day like in your life?

Escribe dos o tres párrafos sobre un día típico en tu vida. Primero, lee los párrafos de Alba María.

Un día típico

de Alba María Arroyo

Cada mañana me despierto a las seis. Me baño y me lavo el pelo. Luego, siempre tomo el desayuno con mis hermanas. Me voy de la casa a las siete y media.

Estoy en la escuela todo el día. Después de las clases, a veces mis amigas y yo jugamos al volibol. Otras veces vuelvo a la casa. Ayudo a mi mamá a cocinar la cena.

Después de la cena, estudio o miro la televisión. Siempre hablo con mis amigas por teléfono. A las nueve y media, me lavo la cara y me cepillo los dientes. Me pongo el pijama y me acuesto.

LL. Inventa una conversación

Test your powers of creativity! Choose a partner and prepare a short conversation based on the illustration.

Primero, escoge a un compañero de clase. Luego, mira el dibujo y escribe una conversación. Si necesitas ayuda, contesta las preguntas.

¿Cómo se llaman los muchachos?

¿Cómo se llaman las muchachas?

¿Dónde están ellos? (¿Están en la escuela? ¿Están en la biblioteca?)

¿Qué hora es?

¿Cómo son ellos? (¿Son tímidos? ¿Son simpáticos?)

¿Quién es la persona más fuerte?

¿Quién es la persona más delgada?

¿Quién es la más inteligente?

¿Qué piensan hacer? (¿Piensan comer? ¿Piensan estudiar?)

M. Tú eres detective

Detectives must have good powers of observation and deduction. How well can you detect the jobs of the people in the pictures?

Primero, mira la foto. Luego, forma una oración sobre el trabajo de cada persona. Por último, forma otra oración sobre el lugar donde trabaja.

Modelo:

Respuesta: **a. El hombre es chofer.**

                     b. Trabaja en un autobús. [Trabaja en la calle.]

1.

3.

5.

2.

4.

N. ¿Qué puedes hacer? _____

How many things do you know how to do?

Lee cada pregunta y contesta en tus palabras. Primero, lee el modelo.

Modelo: ¿Puedes sacar fotos?

Respuesta: **Sí, puedo. Sé sacar fotos.**

[No, no puedo. No sé sacar fotos.]

1. ¿Puedes cocinar?
2. ¿Puedes planchar la ropa?
3. ¿Puedes montar a caballo?
4. ¿Puedes poner la mesa?
5. ¿Puedes cultivar plantas?
6. ¿Puedes trabajar mucho?

7. ¿Puedes comer mucho?
8. ¿Puedes jugar al fútbol?
9. ¿Puedes pedir ayuda en español?
10. ¿Puedes pintar una casa?

Ñ. ¿Qué pueden hacer tus compañeros de clase? _____

Now find out what your classmates can do. Ask five classmates the questions in activity N.

Primero, escoge a cinco compañeros. Luego haz las preguntas de la actividad N. Por último, escribe las respuestas. Lee el modelo.

Modelo: 1. Dos compañeros saben cocinar.

Tres compañeros no saben cocinar.

O. ¿Qué les gusta hacer?

Test your word power! How well can you guess the meanings of words from context? How well can you recognize words that are similar to words in English?

Primero, lee cada párrafo y mira la foto. Luego, escribe una lista de palabras nuevas. Por último, contesta las preguntas.

1.

A muchos españoles les gusta ir de pesca. Este hombre está en la provincia española de Oviedo. Tiene buena suerte. Acaba de pescar un salmón grande en el río Deva.

a. ¿De qué país es el hombre?
b. ¿Dónde está el hombre?
c. ¿Qué acaba de hacer?
d. ¿Qué piensa comer él para la cena?

2.

Algunas personas tienen problemas físicos. Sin embargo, les gustan los deportes. Este muchacho juega al tenis desde su silla de ruedas. Acaba de pegarle a la pelota con la raqueta.

a. ¿Qué tienen algunas personas?
b. ¿Qué está jugando el muchacho?
c. ¿Qué tiene en la mano derecha?
d. ¿Le gusta jugar? ¿Está contento?

P. Un día de mala suerte _____

Some days nothing goes right. Have you ever had a day like the one the people in the pictures are having?

Primero, mira el dibujo. Luego, contesta las preguntas. Escribe las respuestas.

1.

a. ¿Cómo está la cocina?

b. ¿Saben cocinar los niños?

c. ¿Qué usa la muchacha?

d. ¿Qué tienen que hacer los muchachos?

3.

a. ¿Hay algo en el cuadro?

b. ¿Qué hace la muchacha?

c. ¿Hay alguien en la puerta?

d. ¿Qué tiene que hacer la muchacha?

2.

a. ¿Sabe patinar la niña?

b. ¿Cómo está la niña?

c. ¿Están dentro de un edificio?

d. ¿Tiene que pedir ayuda o volver a la casa?

4.

a. ¿Cómo está la sala?

b. ¿Dónde están los juegos?

c. ¿Dónde está el retrato?

d. ¿Qué tienen que hacer los muchachos?

Q. ¿Qué piensas hacer este verano? _____

What are your plans for the summer? What do you plan to do by yourself? What do you want to do with other people? Now's the time to make your lists!

Escribe una lista de actividades que piensas hacer solo. Escribe otra lista de actividades que quieres hacer con tu familia o tus amigos. Primero, lee las listas de Humberto.

Los planes de Humberto Hernández

Solo

1. Quiero leer cinco novelas.
2. Pienso aprender a tocar un instrumento.
3. Quiero cultivar plantas en el jardín.
4. Voy a jugar a los juegos electrónicos.
5. Pienso caminar y sacar fotos de muchos animales.
6. Quiero comenzar a coleccionar coches de plástico.

Con otras personas

1. Mis amigos y yo queremos ir al parque cada día.
2. Mi papá y yo pensamos ir de pesca.
3. Mi familia y yo pensamos ir a México en avión.
4. Juan y yo vamos a jugar al béisbol con un equipo.
5. Mis amigos y yo queremos subir las escaleras de un rascacielos.

Appendix

Verbs

Regular Verbs

-ar Verbs: Model **cocinar**

Singular		Plural	
yo	cocino	nosotros, nosotras	cocinamos
tú	cocinas	vosotros, vosotras	cocináis
él		ellos	
ella	cocina	ellas	cocinan
usted		ustedes	

Gerund: cocinando   Familiar command: ¡cocina!

-er Verbs: Model **comer**

Singular		Plural	
yo	como	nosotros, nosotras	comemos
tú	comes	vosotros, vosotras	coméis
él		ellos	
ella	come	ellas	comen
usted		ustedes	

Gerund: comiendo   Familiar command: ¡come!

-ir Verbs: Model **abrir**

Singular		Plural	
yo	abro	nosotros, nosotras	abrimos
tú	abres	vosotros, vosotras	abrís
él		ellos	
ella	abre	ellas	abren
usted		ustedes	

Gerund: abriendo   Familiar command: ¡abre!

Stem-Changing Verbs

o to ue: Model **almorzar**

Singular		Plural	
yo	almuerzo	nosotros, nosotras	almorzamos
tú	almuerzas	vosotros, vosotras	almorzáis
él		ellos	
ella	almuerza	ellas	almuerzan
usted		ustedes	

Gerund: almorzando   Familiar command: ¡almuerza!

e to ie: Model **cerrar**

Singular		Plural	
yo	cierro	nosotros, nosotras	cerramos
tú	cierras	vosotros, vosotras	cerráis
él		ellos	
ella	cierra	ellas	cierran
usted		ustedes	

Gerund: cerrando   Familiar command: ¡cierra!

u to ue: Model **jugar**

Singular		Plural	
yo	juego	nosotros, nosotras	jugamos
tú	juegas	vosotros, vosotras	jugáis
él		ellos	
ella	juega	ellas	juegan
usted		ustedes	

Gerund: jugando   Familiar command: ¡juega!

e to i: Model **pedir**

Singular		Plural	
yo	pido	nosotros, nosotras	pedimos
tú	pides	vosotros, vosotras	pedís
él		ellos	
ella	pide	ellas	piden
usted		ustedes	

Gerund: pidiendo   Familiar command: ¡pide!

Spelling-Changing Verb

Conocer

Singular		Plural	
yo	conozco	nosotros, nosotras	conocemos
tú	conoces	vosotros, vosotras	conocéis
él		ellos	
ella	conoce	ellas	conocen
usted		ustedes	

Gerund: conociendo   Familiar command: ¡conoce!

Irregular Verbs

Estar

Singular		Plural	
yo	estoy	nosotros, nosotras	estamos
tú	estás	vosotros, vosotras	estáis
él		ellos	
ella	está	ellas	están
usted		ustedes	

Ir

Singular		Plural	
yo	voy	nosotros, nosotras	vamos
tú	vas	vosotros, vosotras	vais
él		ellos	
ella	va	ellas	van
usted		ustedes	

Poner

Singular		Plural	
yo	pongo	nosotros, nosotras	ponemos
tú	pones	vosotros, vosotras	ponéis
él		ellos	
ella	pone	ellas	ponen
usted		ustedes	

Querer

Singular		Plural	
yo	quiero	nosotros, nosotras	queremos
tú	quieres	vosotros, vosotras	queréis
él		ellos	
ella	quiere	ellas	quieren
usted		ustedes	

Saber

Singular		Plural	
yo	sé	nosotros, nosotras	sabemos
tú	sabes	vosotros, vosotras	sabéis
él		ellos	
ella	sabe	ellas	saben
usted		ustedes	

Ser

Singular		Plural	
yo	soy	nosotros, nosotras	somos
tú	eres	vosotros, vosotras	sois
él		ellos	
ella	es	ellas	son
usted		ustedes	

Tener

Singular		Plural	
yo	tengo	nosotros, nosotras	tenemos
tú	tienes	vosotros, vosotras	tenéis
él		ellos	
ella	tiene	ellas	tienen
usted		ustedes	

Traer

Singular		Plural	
yo	traigo	nosotros, nosotras	traemos
tú	traes	vosotros, vosotras	traéis
él		ellos	
ella	trae	ellas	traen
usted		ustedes	

Reflexive Verbs

Model **levantarse**

Singular		Plural	
yo	me levanto	nosotros, nosotras	nos levantamos
tú	te levantas	vosotros, vosotras	os levantáis
él		ellos	
ella	se levanta	ellas	se levantan
usted		ustedes	

Many verbs can become reflexive verbs. You simply use the verb forms for those verbs and add the reflexive pronouns. The following are examples:

irse: me voy, te vas, se va;
nos vamos, os vais, se van

ponerse: me pongo, te pones, se pone;
nos ponemos, os ponéis, se ponen

acostarse: me acuesto, te acuestas, se acuesta;
nos acostamos, os acostáis, se acuestan

despertarse: me despierto, te despiertas, se despierta;
nos despertamos, os despertáis, se despiertan

Los números

1 uno	**19** diez y nueve	**41** cuarenta y uno	**71** setenta y uno
2 dos	**20** veinte	•	•
3 tres	**21** veinte y uno	•	•
4 cuatro	**22** veinte y dos	•	•
5 cinco	**23** veinte y tres	**49** cuarenta y nueve	**79** setenta y nueve
6 seis	**24** veinte y cuatro	**50** cincuenta	**80** ochenta
7 siete	**25** veinte y cinco	**51** cincuenta y uno	**81** ochenta y uno
8 ocho	**26** veinte y seis	•	•
9 nueve	**27** veinte y siete	•	•
10 diez	**28** veinte y ocho	•	•
11 once	**29** veinte y nueve	**59** cincuenta y nueve	**89** ochenta y nueve
12 doce	**30** treinta	**60** sesenta	**90** noventa
13 trece	**31** treinta y uno	**61** sesenta y uno	**91** noventa y uno
14 catorce	•	•	•
15 quince	•	•	•
16 diez y seis	•	•	•
17 diez y siete	**39** treinta y nueve	**69** sesenta y nueve	**99** noventa y nueve
18 diez y ocho	**40** cuarenta	**70** setenta	**100** cien

---

101 ciento uno	**400** cuatrocientos, cuatrocientas
105 ciento cinco	**500** quinientos, quinientas
110 ciento diez	**600** seiscientos, seiscientas
150 ciento cincuenta	**700** setecientos, setecientas
199 ciento noventa y nueve	**800** ochocientos, ochocientas
200 doscientos, doscientas	**900** novecientos, novecientas
300 trescientos, trescientas	**1000** mil

Hay doscientos alumnos en la escuela.

Hay trescientas sillas en el auditorio.

Hay cuatrocientas cincuenta uvas en la caja.

Hay novecientos veinte y cinco bolígrafos.

Hay mil quinientas cerezas en la mesa.

Countries and Nationalities

El país	La gente
la Argentina	el argentino, la argentina
Belice	el beliceño, la beliceña
Bolivia	el boliviano, la boliviana
el Canadá	el canadiense, la canadiense
Colombia	el colombiano, la colombiana
Costa Rica	el costarricense, la costarricense
Cuba	el cubano, la cubana
Chile	el chileno, la chilena
el Ecuador	el ecuatoriano, la ecuatoriana
El Salvador	el salvadoreño, la salvadoreña
España	el español, la española
los Estados Unidos	el estadounidense, la estadounidense
Guatemala	el guatemalteco, la guatemalteca
Honduras	el hondureño, la hondureña
México	el mexicano, la mexicana
Nicaragua	el nicaragüense, la nicaragüense
Panamá	el panameño, la panameña
el Paraguay	el paraguayo, la paraguaya
el Perú	el peruano, la peruana
la República Dominicana	el dominicano, la dominicana
el Uruguay	el uruguayo, la uruguaya
Venezuela	el venezolano, la venezolana

Otros lugares	La gente
el África	el africano, la africana
el Brasil	el brasileño, la brasileña
Francia	el francés, la francesa
Haití	el haitiano, la haitiana
Portugal	el portugués, la portuguesa
Puerto Rico	el puertorriqueño, la puertorriqueña

Glossary
Spanish–English

The Spanish–English Glossary contains the vocabulary words you learn in each unit, as well as the other words that appear in your readings. When a definition is followed by a number, the number stands for the unit in which it is taught.

Some entries—that is, words and definitions—have abbreviations in them to help you learn more about the words. A complete list of the abbreviations follows this introduction.

Some nouns are not regular and you need extra information about them. For example:

lápiz, el (*m.*, *pl.:* **lápices**)   pencil

The information in parentheses tells you that **lápiz** is a masculine word (*m.*) and that when you talk about more than one pencil (*pl.*, the plural form), you change the **z** to **c** and add **-es.**

Descriptive words, or adjectives, are given in the masculine singular form and are followed by the feminine singular ending in parentheses:

bajo (-a)   short

Some verbs have changes in the stem when you use their forms:

acostarse (ue)   to lie down, to go to bed

The letters in parentheses tell you that the letter **o** in the stem changes to **ue.** If you need to see a model of the stem-changing verb, you can

Index